KB188351

이 세상 단 하나뿐인 내 가정을 위한

행복한 부모 리더십

민승기

이 세상 단 하나뿐인 내 가정을 위한

행복한 부모 리더십

초판 1쇄 발행 2014년 2월 20일

지은이 민승기
펴낸이 조유선
펴낸곳 누가출판사
디자인 아트엘
제작 이영목

등록번호 제315-2013-000030호
등록일자 2013. 5. 7
서울시 강서구 염창동 282-19 현대아이파크 상가 B 102호
전화 (02)826-8802 팩스 (02)826-8803
이메일 sunvision1@hanmail.net

정가 값 12,000원
ISBN 979-11-950635-8-1

PARENTS
LEADERSHIP

출판사

누가

목 차

제1장_Why
왜 부모 리더십인가?

1. 이 시대 가정이라는 이름의 현실
2. 아들에게 받은 편지
3. 세 살 버릇 여든까지
4. 집구석 vs 가문
5. 성경 속의 부모 리더십의 유형

제2장_What
무엇이 부모 리더십의 본질인가?

1. 리더십의 본질 이해
2. 5단계 리더십의 이해와 적용
3. 부모 리더십의 자세와 조건
4. 부모의 역할 3가지 (3M 부모)
5. 덕승재의 성품 교육

PARENTS LEADERSHIP

제3장_How
어떻게 실천할 것인가?

은혜의 법칙으로 세우는 가정

"마땅히 행할 길을 아이에게 가르치라 그리하면 늙어도 그것을 떠나지 아니하리라 (잠언 22장 6절)"라는 말씀은 불확실한 현실 속에서 눈에 보이는 스펙만을 쌓는데 혈안이 된 이 시대를 살아가는 부모들에게 경종을 울리고 있습니다.

'행복한 부모 리더십'은 마땅히 행할 길을 자녀에게 가르치는 부모의 리더십에 대해 구체적이고 쉽게 설명하고 있습니다. 이 책을 통해서 개인의 성취와 만족을 위해 재물과 명예와 지식을 자기 중심으로 끌어당기는 중력의 법칙이 완연한 이 시대에 이웃을 위해 자기 것을 나눠주고 섬길 수 있는 은혜의 법칙으로 중력장을 탈출하는 역방향의 힘을 발휘하며 세상을 변화시켜 나가는 자녀로 양육할 수 있는 부모가 되시길 바라겠습니다.

가정에서 진정한 부모 리더십을 체험하며 자란 자녀들은 이 사회의 훌륭한 리더가 되어 빛과 소금의 역할을 올바르게 해낼 것입니다. 저자의 다양한 경험과 사례를 바탕으로 제시한 '행복한 부모 리더십'의 지침과 교훈을 통해 홍수같이 쏟아지는 세속적인 패러다임으로 혼란한 이 시대에 참된 가치를 알려주고 세상의 변화를 힘있게 이끌어 낼 수 있는 부모님들이 진정한 리더로 세워지기를 소망합니다.

한동대학교 총장 김영길

가정을 행복하게 세우는 가정 복음서

우리는 CEO리더십을 말하고 목회 리더십을 말합니다만 부모 리더십은 좀처럼 말하지 않습니다. 그런데 하나님이 허락하신 교회와 가정의 화평과 행복은 우리가 만들어 가야 할 사명이라고도 말할 수 있습니다. 이런 관점에서 보면 가정의 리더로 세워진 부모의 리더십은 그어느 공동체의 리더십에 뒤지지 않는 중요한 것입니다. 하지만 이런 부모 리더십에 대한 관심이 우리의 가정에서 그 동안 소홀했던 것이 사실입니다.

리더십의 핵심이 영향력이라면 부모의 리더십이야말로 자녀와 가정을 세우는 열쇠라고 할 수 있습니다. 예수님께서 제자들에게 가르치고 몸소 보이셨던 리더십의 모습을 가정에서 부모가 자녀에게 가르치고 보이는 것은 그리스도인의 마땅한 태도이며 책임입니다. 부모가 배우고 익히며 자녀에게 전수하는 리더십을 통하여 이 사회의 가장 기초가 되는 가정의 행복을 만들어 간다면 얼마나 값진 일이겠습니까?

흔히 결혼하여 자녀를 낳으면 저절로 부모가 되는 것처럼 오해하기쉽습니다. 여기에는 분명한 가치 기준과 양육의 사명이 필요합니다. 그리고 좋은 부모가 되기 위한 훈련과 배움도 필요합니다. 더욱이 행복한 크리스천 가정을 만들기 위해서는 더 많은 노력과 변화가 필요합니다. 다른 역할은 대신할 사람이 있지만 부모 역할은 누구도 대신할 사람이 없기에 부모 리더십은 어렵고도 중요한 것입니다.

민승기 집사님께서 그동안 우리 사회 한 복판에서 그가 나누어 온 리더십 강연의 진수를 가정에 적용하는 '행복한 부모 리더십'을 펴내셨습니다. 일반 직장과 사회 단체에도 물론 적용할 수 있는 리더십의 원리를 특별히 크리스천 가정에 더욱 적용하기 쉽도록 정리했습니다.

가정들이 붕괴되어 부모와 자녀가 서로 상처받는 시대에서 이 책이야말로 우리의 가정을 행복하게 세우는 가정복음서라고 할만 합니다. 이 책을 모든 가정, 모든 교회의 리더들에게 강추합니다. 그리고 이 책으로 행복해지는 가정들의 풍경을 함께 그려봅니다.

이동원 목사(지구촌교회 원로, 지구촌 미니스트리 네트워크 대표)

선한 청지기의 부모 리더십

하나님께서는 우리에게 가정이라는 작은 천국을 주셨습니다. 그 가정에서 복되고 행복한 삶을 살도록 허락하셨습니다. 그런데 현실은 그렇지 못합니다. 해마다 수 많은 가정이 깨지고 가정의 구성원들이 상처받고 있습니다. 부부가 연합하여 한 몸을 이루지 못하고, 부모와 자녀 사이에 갈등과 상처가 가로 놓여 있습니다. 이것은 크리스천 가정도 예외가 아닙니다. 이런 안타까운 현실에서 하나님의 가정과 부모에 대한 올바른 가르침을 바탕으로 세상의 모범이 되는 아름답고 건강한 크리스천 가정을 세우기 위한 부모 리더십의 지침서가 나왔습니다.

이 책은 저자의 그 간의 연구와 경험을 바탕으로 성경적으로 적용하여 바람직한 크리스천 부모의 역할과 리더십에 대해서 쉬우면서도 체계적으로 제시해 주는 책입니다. 이 시대의 가정의 특성과 문제점을 다양한 사례와 경험을 통해서 누구라도 어렵지 않게 적용할 수 있도록 구성하였습니다.

가정에서 부모의 역할은 매우 중요하고 민감한 부분입니다. 시간이 지난다고 저절로 할 수 있는 역할이 아닙니다. 배우고 익히고 반복해야 하는 아름다우면서도 힘겨운 문제입니다. 성경에서도 말하고 있고, 저자도 주장하는 것처럼 부모가 먼저 바로 서야 자녀가 바로 서게 됩니다. 부모는 자녀의 주인이 아닙니다. 선한 청지기의 역할을 해야 합니다. 부부가 중심이 되고, 부모 자녀가 사랑과 존경의 관계를 만들어야 합니다. 이것이 건강한 사회와 교회의 기초가 됩니다. 따라서 부모 리더십을 익히고 적용하는 것은 자녀와 교회를 세우는 일이 되기도 합니다.

수많은 목회 현장에서 보면 아름답게 시작했지만 행복한 모습을 찾지 못하고 안타깝게 어려움을 겪고 있는 가정들을 대할 때마다 가슴이 아팠습니다. 이 책을 통하여 많은 가정과 부모들이 회복되고 치유되며 자녀들이 건강하고 행복하게 자라는 기초가 되기를 진심으로 기원합니다. 여러 교회와 사회 곳곳에서 저와 같은 목회자뿐만이 아니라 저자와 같은 사명감을 가진 전문가들이 많이 배출되고 활발하게 사역의 현장에서 도움을 주기를 소망합니다.

우리의 가정을 이끌어 갈 일차적인 책임은 부모에게 있습니다. 하나님께서 허락하신 달란트와 권위를 가지고 모두가 부러워하는 가정 천국을 만들어 가는 멋진 부모 리더십을 세우는데 이 책이 큰 역할을 하기를 기도하고 응원하는 바입니다.

대전중문교회 담임목사 **장경동**

저에게는 두 아들이 있습니다. 큰 아들은 고3이고 작은 아들은 중 3입니다. 자녀를 키우는 데 더 쉽고 어려움이 있을까 싶지만 그래도 나긋나긋한 딸이 아닌 두 아들을 키우느라 험악한 상황도 여러 번 겪었습니다. 여자 아이를 키우는 아기자기함과 애교는 도통 맛보지도 못하고 세월이 흘렀습니다. 그런데 지금 생각해도 흐뭇한 한 가지가 있습니다. 두 아들의 입에서 "아빠, 저를 믿고 하고 싶은 일을 하게 해주셔서 감사해요. 전 그래도 행복한 아이예요"라는 말이 나온다는 사실 때문입니다. 요즘과 같이 험악하고 치열한 교육 환경 가운데 사춘기 청소년 남자 아이의 입에서 행복하다는 말이 나올 수 있다는 사실만으로도 저는 감사하고 또 감사합니다.

올해로 결혼 21주년을 맞이했습니다. 제 인생에 벌써 20년의 세월이 흘렀다는 말을 할 경우가 있을까 전에는 미처 생각하지 못했는데 이제 저도 자타 공인하는 대한민국의 중년 가운데 한 사람이 되었나 봅니다. 두 아이들이 이렇게 장성한 지금의 상황이 생각하면 정말 순식간에 지난 듯합니다. 나이를 먹어감에 따라 세월의 흐름이 빠르게 느껴진다고 하는 어르신들의 말씀을 절절히 체감하고 있습니다.

돌이켜보면 두 아들을 키우면서 참 많은 시행착오와 눈물 나는 일들이 있었습니다. 제 직업이 전문 강사이다 보니 전국을 다니면서 강의하다 보면 일년의 절반 가까이 집을 떠나 지내야 하는 생활이 반복되어져, 연수원 숙소에서 혼자 베개를 부여잡고 엉엉 소리 내어 울던 날도 있었습니다. 호되게 야단을 치고 집을 나온 날이면 가슴이 먹먹하여 강의에 집중에 안 되는 날도 있었습니다. 아이들과 물리적으로 함께 보내는 시간이 부족하기에 함께 있을 때라도 제대로 아빠 노릇을 하면서 가정 교육을 해야 한다는 압박감에 의도적으로 엄하게 키우려는 성향이 강했습니다. 그래서 충돌도 많았고 서로 상처도 많았습니다. 부모 노릇을 제대로 하고 있는지 회의가 들 때가 한두 번이 아니었습니다. 명색이 전문 강사랍시고 다니면서 가정 하나 행복하게 꾸리지 못하느냐고 자책하기도 했습니다.

큰 아이가 초등학교 2학년 무렵의 일입니다. '아이들에게 비전을 주려면 비전의 현장을 직접 체험하게 해주면 좋다' 는 말에 서울대학교로 데려갔습니다. 가보신 분은 아시겠지만 서울대학교는 넓어도 너무 넓어서 캠퍼스 안에서 버스를 타고 이동해야 하는 상황입니다. 그런 곳을 유치원과 초등학교 2학년짜리 아이들을 데리고 걸어서 이곳 저곳을 기웃거리다 보니 아이들이 지치고 힘들어서 짜증을 있는 대로 내는 것이었습니다. 사실 저도 다리가 아프고 힘이 들 지경이었으니 아이들은 오죽했겠습니까?

그래도 서울대학교가 얼마나 대단한 곳인지 나름대로 설명하면서 꿋꿋하게 이끌고 다녔더니 급기야 두 녀석이 큰 소리로 외치는 것이었습니다. "아, 나 서울대학교 안 올 거야. 힘들어 죽겠네!" 비전을 체험하게 해주려다 오히려 비전을 막아버린 셈이 되었습니다. 그 때의 허탈감과 우울함은 지금도 생생합니다. 선 무당이 사람 잡는다고 설불리 비전 체험 교육을 한답시고 아이들에게 비전은 커녕 부정적인 기억만 잔뜩 심어준 꼴이 된 것이지요.

이런 저런 시행착오를 거듭한 후 그 때로부터 10여 년이 지난 지금, 두 아이가 모두 대학입시와 고등학교 진학을 하는 시점이 되었습니다. 두 아이의 입에서 그래도 행복하게 중고등학교 시절을 보내고 있노라는 고백을 듣게 되니 감사하고 행복합니다. 이 글을 다 쓸 무렵이면 두 아이의 상급학교가 결정이 되어 있을 것인데, 그 결과와 상관없이 저는 행복합니다. 적어도 삶의 가치와 기준을 아이들과 공유하면서 목표를 세웠고 그 목표에 맞는 노력을 스스로 하면서 학교 생활을 하도록 했기 때문입니다.

어느 분처럼 미국의 아이비리그 대학을 보낸 것도 아니고, 소위 SKY 대학을 장학생으로 보낸 것도 아닙니다. 아직 결과조차 알 수 없는 진행형의 상황이지만 입시 결과에 관계없이 어떻게 자녀를 양육하고 가정을 세워가는 것이 행복한 부모의 모습일까에 대한 저의 작은 경험과 생각을 많은 분들과 나누고 싶은 마음에 이 책을 쓰게 되었습니다. 그래서 제목도 자녀 양육의 성공 경험이 아닌 "행복한 부모 리더십"입니다. 부모로서 행복하고 올바른 리더십을 세우자는 것입니다.

이것이 자녀를 양육함에 그 어떤 일보다도 우선되어야 하다는 것입니다. 직장에서, 집 밖에서의 리더십도 중요하지만 가정에서 부모로서의 리더십은 더욱 중요합니다. 사회가 많이 혼란스럽습니다. 예전에는 생각하지도 못했을 기괴한 사건 사고도 수 없이 발생합니다. 그런데 그 근원적인 이유로서 가정에서의 부모 리더십 부재가 있습니다. 이 세상에 단 하나뿐인 나의 가정에서 부모의 리더십이 올바르지 못하니까, 이 사회의 가장 기초적인 단위인 가정이 흔들리고, 가정의 뿌리가 약하니까 다른 모든 사회 공동체의 뿌리도 약해진다고 저는 감히 진단합니다.

우리에게 언제부터인가 행복이라는 단어가 사라졌습니다. 그저 근 근이 연명하고 버티는 삶이 있을 뿐입니다. 아이들에게 비전이 없습니다. 그저 막연히 먹고 살 바람만 있을 뿐입니다. 사회에 진출해서도 비전은 커녕 먹고 살기 바쁩니다. 원하는 직장 1순위가 '안정적인 직장' 입니다. 비전과 도전은 까마득합니다. 그저 오래 다닐 수 있는 직장이 꿈이 되어 버린 시대입니다. 이런 삶의 행태 속에서 행복은 어디에도 없습니다. 하나님께서 우리에게 허락하신 가정은 이런 생존만을 위한 장소가 아닙니다. 축복의 결정체요 행복의 동산이며 천국의 모형입니다. 이런 가정을 회복하기 위해서는 부모가 바로 서야 합니다. 부모 리더십을 갖추고 올바로 가정을 이끌어야 합니다.

우리는 리더십에 대해서 참 많은 정보와 지식을 가지고 있습니다. 그런데 정작 제대로 리더십을 배우고 있지는 못합니다. 그래서 리더십을 오해하고 왜곡합니다. 이런 부분에 초점을 맞추어 리더십의 올바른 이해와 가정에서의 접목을 목적으로 이 책을 쓴 것입니다. 학자적인 전문성이나 복잡한 이론은 가능하면 배제하고, 제가 그랬던 것처럼 정말 편안하게 강의 하듯이 부모 리더십을 쉽게 나누고 싶습니다. 그래서 이 땅의 모든 가정에 행복한 부모 리더십이 세워지길 기도합니다.

부모가 행복하고 자녀가 행복한 가정이 늘어나길 소망합니다.

살아보니, 그리고 연구해보니 불가능한 일만도, 그리 복잡하고 어려운 일만도 아니었습니다. 단지 우리가 고정 관념에 사로잡혀 살고 있기 때문에 어렵고 엄두가 나지 않을 뿐입니다. 이 책을 통하여 많은 부모들이 용기를 내어 도전하고 실천하여 부부 관계가 건강해지고 자녀와의 관계가 행복해지는 멋진 가정을 세워나가길 응원합니다. 리더십과 커뮤니케이션 전문가로서 제시한 부모 리더십의 지침이 실용적인 도움이 되길 간절히 바랍니다.

부족함 가운데에도 다양한 경험과 환경 속에서 책을 쓰도록 인도하신 하나님께 영광을 돌립니다. 그리고 책의 취지에 공감하여 적극적으로 출간을 도와주신 정종현 목사님께 감사의 말씀을 전합니다. 늘 가까이에서 피드백해주고 격려해준 아내와 제 삶의 증거가 된 두 아들에게도 진심으로 고마움을 전합니다.

2013. 12.

제1장
Why

왜, 부모 리더십인가?

1 이 시대
가정이라는 이름의 **현실**

    21세기를 살아가면서 '가정'이라는 말을 들으면 우리 사회의 한 현상으로서 어떤 단어가 떠오르십니까? 아마도 개인적인 상황과 경험에 따라서 다양한 단어가 나올 수 있겠으나 대체로 '갈등' '폭력' '이혼' '육아 문제' 등의 부정적인 단어가 많이 연상될 것이라고 생각됩니다. 인정하기 싫지만 인정할 수 밖에 없는 현상으로 우리 사회의 가정이 붕괴되고 해체되는 문제로 골머리를 앓고 있다는 사실입니다. 이혼 문제만해도 세계 최고의 이혼율을 보이고 있다는 것은 보도를 통해 익히 듣고 있던 이야기일 것입니다. 게다가 최근의 현상으로는 결혼 20년 이상 된 부부의 이혼을 지칭하는 '황혼이혼'이 결혼 초기의 이혼율을 앞서고 있다는 사실도 우리를 우울하게 만듭니다.

    서울시가 2011년에 분석한 자료에 의하면 전체 이혼 가운데 신혼 이혼은 25%인데 비해서 소위 황혼이혼은 27.3%를 차지해서 오히려 황혼이혼이 더 많았다는 충격적인 사실입니다. 이제 부부 관계도 변해서 더 이상 참고 살지 않는다는 것입니다. 자식을 봐서라도 그냥 살자거나 이제와서 무슨 이혼이냐는 등의 생각을 더 이상 하지 않게 되었다는 것입니다. 이혼의 사유로는 성격차이가 44.5%로 가장 높은 비중을 차지하고 있습니다. 그 외에도 경제적 문제나 외도 등도 주요 이혼 사유가 되고 있습니다. 아마 독자 여러분 가운데에도 결혼 생활 가운데 이혼을 한번쯤 생각해보지 않았던 분은 안 계시리라 생각합니다. 한 가정을 꾸리고 평생을 아무 불화나 문제 없이 살아간다는 것은 그만큼 불가능에 가깝다는 것입니다.

세상에서 가장 아름답고 평안하고 숭고한 단어가 되어야 할 '가정'이라는 단어에 왜 이렇게 불편하고 힘든 단어가 연상이 되는 것일까요? 그리고 현실적으로 왜 이렇게 가정이 해체되고 파괴되는 것일까요? 평생을 함께 살자며 그 어려운 환경을 헤쳐 나가던 부부가 어쩌다가 이렇게 상처받고 힘들어하다가 결국 헤어지게 되는 것일까요? 어쩌다가 결혼한 부부 세 쌍 가운데 한 쌍은 이혼을 하는 엄청난 사회가 되었을까요? 이런 가정에서 우리 자녀들은 어떻게 되는 것일까요? 그리고 이런 가정 환경에서 자란 우리의 자녀들은 성장해서 과연 어떤 가정을 꾸리게 될까요?

새롭게 출범한 현 정부가 제시한 4대 사회악으로 '성폭력, 가정폭력, 학교폭력, 부정 불량식품' 문제가 있습니다. 가정의 문제가 사회 4대악으로까지 선택된 것입니다. 사실 가정폭력 문제는 더 이상 어느 한 가정의 문제에 국한되지 않습니다. 다른 문제에 비해서 매우 은밀하고 폐쇄적이며 집요한 면을 보이고 있습니다. 그래서 가정폭력은 근절하기도 어렵고 일단 발생하면 재발이 가장 빈번한 범죄행위입니다. 2012년 경찰청의 통계에 의하면 가정폭력의 재범률은 전국 평균 20% 정도이고 부산의 경우는 그 비율이 가장 높아서 무려 31.6%나 됩니다. 가정폭력이 위험한 또 다른 이유는 그런 가정의 자녀들이 밖으로 나가서 학교폭력이나 성폭력 등 다른 폭력에 연계될 가능성이 높아지며 성장하면서 폭력성이 세습되는 경향을 보이기 때문입니다. 이러한 잠재적 위험성까지 포함하고 있는 가정폭력이 이제는 대표적인 사회악으로 분류될 정도로 우리 사회에 만연한 현재의 상황이 실로 심각하지 않을 수 없습니다.

보건복지부가 발표한 '2012년 전국 아동학대 현황' 자료에 의하면 아동학대 발생 장소의 87%는 가정이라고 합니다. 그리고 학대자의 83.8%는 부모였다는 것입니다. 학대의 유형으로는 방임, 정서 학대, 신체 학대가 많았는데, 가장 많은 유형은 이런 것들이 섞인 중복 학대였다고 합니다. 말하기도 끔찍하게 성적인 학대도 적지 않았다는 보고입니다. 게다가 78.3%는 재학대의 경향을 보여서 보다 장기적이고 면밀한 관리가 필요하다는 조사 결과를 내놓았습니다. 이제 우리의 가장 안전한 보호처가 되어야 할 가정이 오히려 가장 두려운 곳이 되어버린 아이들도 많다는 사실입니다. 아이들을 가장 소중히 여기고 양육해야 할 부모가 가장 위협적이고 폭력적인 대상이 된 가정을 생각하면 어떤 생각이 드십니까?

요즘은 가족끼리 뉴스를 보기도 겁이 납니다. 다양한 범죄 사건 소식에 겁이 나기도 하지만 청소년 범죄를 대할 때면 믿기지가 않을 정도로 심각하고 끔찍합니다. 우리가 도와주고 보살펴야 할 힘 없는 독거 노인이나 아동을 대상으로까지 범죄를 저지르는 청소년 범죄가 우리들 부모 세대를 아연 실색하게 만듭니다. 심지어는 친구를 왕따시키면서 산 채로 땅에 파묻는 일도 서슴지 않는 모습에는 그저 할 말을 잃게 됩니다. 청소년 범죄가 무서운 이유는 범죄 행태가 갈수록 잔인해 진다는 것과 연령대가 점점 낮아진다는 사실 때문입니다. 과거에 비해 최근의 청소년 범죄는 단순한 폭력이나 절도를 넘어서 강간이나 강도, 살인 등의 폭력적인 범죄가 늘고 있음에 주목할 필요가 있습니다.

작년에 우리 사회를 떠들썩하게 만들었던 신촌 대학생 살인 사건만해도 그렇습니다. 스마트폰 대화방에서 평소 말다툼을 하던 김모 씨를 윤모 군 등 고등학생 2명이 신촌의 한 공원으로 불러내어 결국은 수십 차례나 칼로 찔러서 살해한 사건입니다. 거기에 그치지 않고 시신을 산속에 유기하는 대범함을 보이기도 했습니다. 우발적인 사건이 아니라 치밀하게 준비된 사건이라는 점에서 더욱 섬뜩합니다. 그리고는 아무렇지도 않게 여자친구와 데이트를 약속하는 등 행동했다는 것이 10대 청소년이라고는 믿기지 않을 정도입니다. 어쩌다 우리의 자녀들이 이 지경까지 되었을까요?

이들 청소년들은 한번 범죄를 저지르게 되면 다시 건강한 모습으로 사회에 복귀하기가 매우 힘들어진다는 점에서 더욱 심각한 일이라고 할 수 있습니다. 어린 나이에 저지른 범죄로 인하여 평생 인생에 낙인이 찍혀서 사회에 적응하지 못하고 살아가게 된다는 것을 생각하면 자식을 키우는 부모로서 남의 일 같지가 않습니다. 그리고 남의 일처럼 불구경 하듯이 바라만 볼 수도 없습니다.

판사 경력 18년째인 배인구 판사는 지난 1년 동안 소년부 부장판사에 부임하여 다양한 비행 청소년들을 대했습니다. 청소년기 자녀를 키우고 있는 부모의 입장에서도 참으로 가슴 아픈 사연들을 많이 겪었던 배 판사는 청소년 범죄가 끊이지 않는 것은 가정과 학교와 사회가 그만큼 아이들에게 애정을 쏟지 못했기 때문이라고 말합니다. 법정에서 만난 소년 범죄자들의 가정 환경을 살펴보면 배 판사 자신이라도 집에 들어가기 싫을 정도의 열악한 가정 환경인 경우가 너무나 많다는 것입니다. 제대로 된 부모와 가정 환경이 제공되지 못한 상황에 내버려진 아이들이 범죄의 길로 너무나 쉽게 들어선다는 것입니다.

비행이나 범죄를 저지르는 동기의 대부분은 부모입니다. 이것은 세계적으로도 동일합니다. 부모와 자녀 사이의 교감과 스킨십 등을 통한 유대감의 강화가 있으면 이런 범죄로 나타나지는 않습니다. 그런데 부모로부터 소외되고 고립을 경험한 아이들은 쉽게 가정을 벗어나려고 하고 가정 밖의 다른 세계로 눈을 돌리는 것입니다. 이들이 가출하는 것은 어찌 보면 가출이라기보다 탈출이라고 해도 과언이 아닙니다. 가정이 아이들을 따뜻하게 감싸고 지켜주는 곳이 아니라 오히려 그들을 억압하고 학대하기까지 하는 곳이 되다 보니 아이들은 가정을 떠나서 바깥 세계로 나서는 것입니다.

최근에 청소년들이 가출하여 가출한 그들끼리 몰려 다니면서 범죄를 저지르는 현상이 심각합니다. 일단 가출은 쉽지만 그 이후의 생활은 쉽지 않습니다. 그러다 보니 자연히 생활 문제를 해결하기 위하여 범죄를 저지르는데, 소위 '가출팸'이 형성되어 집단적으로 범죄와 비행을 저지르는 것입니다. 특히 여자 아이들의 경우에는 성매매를 통해 생활비를 벌려고 하는 등의 부작용이 심각합니다. 실제로 최근의 여러 강력 범죄나 성매매 사건에 이런 가출팸이 연루된 경우가 허다합니다. 사실 이 시대의 한 단면이기에 사용은 했지만 가출팸이라는 용어 자체도 부적절한 것임을 밝혀둡니다. 엄밀히 말하면 그들을 패밀리라고 부를 수는 없기 때문입니다.

또 한 가지는 우리 사회의 지나친 경쟁체제가 문제입니다. 좋은 부모 교육연구소 이혜란 소장은 우리 사회의 과도한 경쟁체제가 가정과 학교에 너무 깊이 침투해 있다고 말합니다. 심지어 교회 안에조차 이러한 경쟁체제가 들어와서 무엇이든 우열을 가리고 아이들을 서열화하는 사회 풍토가 아이들을 사지로 내모는 주요 원인이라고 진단합니다. 가정과 학교에서 상처받고 아파하는 아이들이 그 분노를 외부로 풀면 그것이 학교폭력과 품행장애가 되고 안으로 풀면 우울증과 자살로 이어진다는 것입니다.

우리의 가정에는 점점 웃음이 사라지고 있습니다. 오로지 인정받을 만한 성과를 냈을 때만 웃음이 찾아옵니다. 부모는 부모대로 인정받을 성과에 집착합니다. 자녀는 자녀대로 인정받을 성적에만 집착합니다. 이런 가정 분위기에서 정서적 안정감을 찾고 가족간의 유대감을 찾는 것 자체가 넌센스인 시대를 살고 있습니다. 사람의 본질상 누군가에게 인정 받으며 살고 싶은 것은 지극히 당연합니다. 그러나 문제는 그 인정의 욕구가 병적으로 나타나고 있다는 것입니다. 그 인정의 욕구가 너무나 많은 것을 파괴하고 있다는 것입니다. 그런데도 우리는 이것을 제대로 인지하지 못하고 있습니다.

명문대 출신 부모 밑에서 자라는 자녀 가운데 인정 중독인 경우가 많습니다. 중학교 때 까지는 우수한 성적으로 공부 잘하던 아이가 특목고나 외고에 진학하면서 성적이 떨어질 때 스스로 견디지 못하고 우울증에 빠지거나 심지어 자살까지 하는 경우가 자주 보도되고 있습니다.

이들은 더욱 불안하고 초조해져서 공부에 몰입하지 못하고 성적이 더 떨어지는 악순환을 겪게 됩니다. 수면 장애와 악몽, 불안감에 시달리게 됩니다. 자신감은 바닥을 치게 되고 삶의 의미를 잃게 되는 것입니다.

어떤 사례의 초등학생은 100점을 맞지 않으면 패닉 상태가 됩니다. 남들은 부러워할 98점을 맞고도 스스로가 벌레만도 못하다고 생각합니다. 그의 엄마는 일류 대학을 나와서 외국계 기업에서 일하는데, 아이가 본인의 마음에 드는 행동을 할 경우에만 웃는다는 것입니다. 엄마가 웃지 않으면 아이는 죄책감에 시달린다는 것입니다. 또 어떤 고등학생은 외고에 진학하고부터 심한 우울증에 빠졌습니다. 생각대로 성적이 나오질 않자 손톱을 물어뜯어 피가 날 정도입니다. 수능을 치르고 나서도 스스로 놀 자격도 없다고 생각하면서 책상에 앉아서 자학하기도 합니다. 이들 모두가 인정중독입니다. 자존감이 심하게 낮아지고 타인의 평가에만 의존하는 삶이 된 것입니다.

이런 모든 일들이 현재 우리 가정을 둘러싸고 일어나고 있습니다. 당장 내 가정의 일이 아닐지는 몰라도 그리 멀리 떨어진 일이 아닌 것입니다. 걷잡을 수 없는 이혼율, 급격히 증가하는 청소년 범죄와 흉포화, 인성의 메마름과 가출 등의 가정 붕괴, 그리고 치열한 경쟁 속에 시달리다 극단적인 선택까지 서슴지 않는 우리의 아이들. 이것이 21세기 대한민국 가정의 현실입니다. 우리 아이는 아닐지라도 우리 아이의 친구 문제일 수 있습니다. 여러분 친구의 자녀 문제일 수 있습니다. 그리고 우리 아이들이 그들과 한 공간에서 한 시대를 살고 있습니다. 너무 극단적인 사고가 아니냐고 하실지 모르겠습니다. 하지만 극단적인 상황만을 보자는 것이 아니라 이런 엄연한 현실 가운데 우리 가정의 이상적인 모습과 그에 따른 부모의 바람직한 리더십을 바로 세우자는 것입니다. 이 모든 일을 해결할 가장 근본적인 책임과 권한은 바로 우리들 자신입니다. 부모라는 이름의 우리들인 것입니다.

가정을 지키기 위한 많은 부모들의 노력도 이곳 저곳에서 일어나고 있습니다. 특히 젊은 부모들을 중심으로 올바른 부모 리더십을 회복하기 위한 배움의 장도 많아지고 있습니다. 우리는 학교에서 성적을 올리는 수 많은 방법을 학습했지만 정작 좋은 가정을 만들고 훌륭한 부모가 되는 방법은 배우지 못했습니다. 예전처럼 대가족 제도하에서 여러 세대가 함께 모여 살면서 자연스럽게 부모 되는 과정을 지켜보기도 하고 직접적으로 배우기도 하는 경우도 점차 없어졌습니다. 이래서는 우리의 가정을 지키는 것조차 버거워질 것입니다. 행복한 가정을 이루고 자녀를 양육하며 건강한 다음 세대를 키워나가는 일이 불가능해질 지경입니다.

이제 부모가 바로 서야 할 때입니다. 경제적인 부흥과 발전이 아무리 이루어진다고 해도 사회의 가장 기초 단위인 가정이 튼튼하지 못한 사회는 비전이 없습니다. 요즘은 직장에서도 가정 행복지수를 높이려고 애를 씁니다. 가정이 안정적이지 못하면 자연히 생산성도 떨어진다는 사실 때문입니다. 직장 탁아시설을 만들고, 가정의 날을 지켜서 정시 퇴근하게 하며, 직장 내 상담실을 운영하여 직원들의 고민과 스트레스를 해결하도록 지원합니다. 이유는 가정이 건강해야 회사도 잘 된다는 것 때문입니다. 부모 노릇을 제대로 하기 위한 부모 리더십을 세우는 일은 중요하면서도 시급한 일입니다. 그저 하면 좋지만 나와는 상관이 없는 일이라고 여겨서는 안 됩니다. 먹고 사는 그 어떤 일보다도 중요하고 시급한 일 가운데 하나입니다.

2 아들에게 받은 편지

특별히 남에게 내세울 것 없는 평범한 가정의 저 역시 좋은 부모가 되기를 염원하며 부단히 노력하는 가장의 한 사람입니다. 결혼해서 두 아들을 낳고 나름 열심히 생활하면서 행복한 가정을 이루는 것이 소박한 꿈인 아버지의 한 사람입니다. 지난 20년 간의 결혼 생활을 돌아보면 잘 했다는 생각 보다는 아쉽고 후회되는 일들이 훨씬 더 많습니다. 잘 해보려는 의지는 강했는데 그 과정과 결과는 그리 만족스럽지 못한 것이 사실입니다. 그래도 그 가운데에서 행복한 마음을 갖게 해주는 것이 있습니다. 바로 두 아들들이 비교적 바르고 건강한 인성을 가지고 자라고 있다는 것입니다. 이제 중3과 고3으로 입시를 준비하고 있지만 그다지 부정적인 스트레스를 받지 않고, 인격적으로 모나지 않고, 스스로의 목표를 설정하여 열심히 살고 있는 모습입니다.

지난 어버이날에 중3인 둘째에게서 편지를 받았습니다. 연례적인 행사의 하나일 수 있겠지만 그래도 그 편지 내용이 참 기특하고 감사했습니다. 우연히 대전 MBC 라디오 '즐거운 오후 2시' 라는 프로그램을 통해서 소개도 되었습니다. 제가 생각했던 것보다 아들의 생각이 깊고 부모를 생각하는 마음이 넓다는 사실에 코 끝이 찡했습니다. 자녀를 키우면서 얻게 되는 작은 기쁨이 이런 것이란 생각이 들었습니다. 여기에 그 편지를 소개해 봅니다.

엄마, 아빠께

엄마, 아빠, 저 경준이에요. 어버이날 맞아서 이렇게 편지 올려요. 요즘 시험 기간이어서 밤늦게까지 공부하느라 많이 피곤했었어요. 그래서 엄마, 아빠께 밝은 모습 보여드리지 못했어요. 서운하셨죠? 이제 앞으로는 더 밝고 좋은 모습 많이 보여드릴게요. 엄마, 요즘 대학원 다니시느라 많이 힘드시죠? 저는 엄마가 그렇게까지, 늦어서라도 공부를 하고 싶다는 생각에 놀랐고, 존경심이 들었어요. 엄마, 저도 공부 열심히 할 테니까 엄마도 끝까지 열심히 하세요!!

아빠! 제가 학원에서 늦게 돌아와 힘들어서 옷 정리, 방 정리 잘못하면 아빠가 가끔씩 잔소리를 하시지만 그래도 서운한 마음보다는 늘 아빠에게 감사한 마음이 더 많아요. 시험보고 제가 원하는 결과보다 좋지 않은 결과가 나왔을 때 제가 기죽어 있거나 우울해 있으면, 아빠는 항상 어깨를 토닥여주시며 결과보다 과정이 더 중요하니까 결과에 너무 집착하지 말라고 말씀하셨죠. 그때마다 힘이 나고 뿌듯하고 그랬어요.

아빠, 초등학교 때 기억나세요? 아빠는 책 읽는 것은 좋아하시는데 운동은 잘 안 하시잖아요? 그런데 저는 친구들이 아빠하고 야구하고 농구하고 축구하고 그런 거 보면 굉장히 부러웠어요. 그래서 제가 아빠한테 약간 투덜대면서 지나가듯 한 말을 기억하셨는지 어느 한 날은 야구 장비를 챙기면서 '아빠하고 피칭 한번 할까?' 하시는데 그때 저에게 신경을 써주신다는 느낌을 받았고 저를 이해해 주신다는 것에 감동을 받았어요.

그 후로도 제가 생물학자가 되겠다는 꿈을 위해 집에서 동물을 기르겠다고 했을 때, 솔직히 집에서 토끼, 거북이, 가재, 물고기 그렇게 많은 동물들을 기르는 게 쉬운 일은 아니잖아요. 더럽기도 하고 냄새도 나고 해서 싫으실 법도 한데, 싫은 내색 한번 안 하시고 제가 잘 기를 수 있게 도와주셔서 진짜 감사해요. 아빠가 저를 위해서, 그리고 제 꿈을 위해서 항상 그렇게 기도하고 노력해 주시니 더 열심히 해야겠다는 생각이 들어요.

아빠! 아빠가 가끔씩 일 때문에 힘들어하실 때 아빠는 항상 저를 어리게 보시고 고민이 있어도 잘 말씀을 안 하시는 것 같아요. 제가 아빠에게 고민을 털어 놓는 것만큼 아빠도 힘들 때 제가 힘이 될 수 있게 친구처럼 소통이 좀 더 잘되면 좋겠어요. 아빠는 항상 밝게만 보이려고 하시거든요. 어떤 때 보면 그게 조금 안타까울 때가 있어요.

아빠도 요즘 강의 때문에 많이 바쁘고 힘드시죠. 저도 더 공부 열심히 할 테니까 걱정 마시고 맘 편히 지내세요! 엄마, 아빠, 제가 힘들 때마다 언제나 저를 올바른 길로 가게끔 붙잡아주시고, 진심 어린 조언들을 해주셔서 감사해요.

앞으로 엄마, 아빠가 저한테 관심 갖고 위해주시는 만큼 더 열심히 노력하고, 모든 일에 열정적으로 임하고, 열심히 공부해서 꼭 훌륭한 생물학자가 되어 이 지구를 위해, 지구의 모든 생물을 위해 일하겠습니다. 그럼 언제나 건강하시고, 행복하세요! 엄마, 아빠, 사랑해요.

둘째 아들 경준 올림

가슴이 뭉클했습니다. 늘 응석만 부리는 둘째로만 생각했는데 제법입니다. 아이들은 겉으로는 모르는 척해도 속으로는 다 계산하고 간직하고 있다는 것을 다시금 알게 되었습니다. 그 동안 아이들에게 아버지로서, 부모로서 삶의 가치관을 가르치고 인생의 나침반을 제시했던 것들이 헛된 것이 아니었다는 위안도 되었습니다. 학업 성적보다도 인생의 방향을 잡는 것이 더 중요하다는 가르침을 보여주려고 애썼던 일이 나 혼자의 독백만은 아니었다는 것에 감사했습니다.

요즘 청소년들의 약점 가운데 하나가 꿈이 없다는 것입니다. 삶의 목표가 없다는 것입니다. 무엇인가 정신 없이 열심히는 하는데 왜 해야 하는지를 모르고 합니다. 어디로 가고 싶은 것인지를 모릅니다. 그저 습관적으로, 경쟁적으로 할 뿐입니다. 우리 아이도 가끔 친구들은 꿈이 없다고 말합니다. 어려서부터 꿈을 이야기하고 꿈을 설정하면서 자연스럽게 자신의 취향과 장점을 찾아낸 아이로서는 이해가 안 되기도 하고 안타깝기도 하다는 말입니다. 부모가 자녀에게 꿈을 찾아주고, 꿈을 찾는 것이 왜 중요한지를 알려주며 양육하는 것이 중요합니다. 그런데 많은 부모들이 지식으로는 알고 있지만 실천을 못합니다. 방법을 몰라서가 아닙니다. 무엇보다 부모 자신의 삶의 목표와 꿈이 없기 때문입니다.

가정에서 부모가 자녀에게 선한 영향력을 끼치며 자녀를 위하여 애쓰고 노력하고 있음을 아이들도 공감하게 해야 합니다. 일방적인 훈계나 푸념으로 전달될 일이 아닙니다. 시간이 필요하고 인내가 필요하며 지속적인 반복이 필요합니다. 그리고 부모 자신의 삶에서 실천이 필요합니다. 이런 부모 리더십의 지속적인 실천을 통하여 아이들은 꿈을 꾸게 되고, 삶에 대한 비전이 생기는 것입니다. 이런 작지만 중요한 노력을 부모가 먼저 실천해야 합니다.

저는 전국 여러 곳을 다니면서 행복한 가정 만들기와 부모 리더십에 대해 강의를 합니다. 그럴 때마다 생각하는 것은 과연 나는 강의 내용을 실천하고 있는가라는 것입니다. 물론 저 역시 생각보다 실천이 쉽지 않다는 것을 잘 압니다. 아이의 성적보다 과정의 노력을 더 중시해야 한다고 하면서 은근히 성적표를 신경 쓰게 됩니다. 하지만 아이에게 결코 성적만으로 야단치지 않으려고 애쓰고, 성적에 관련하여 준비 과정에 대한 문제점이나 보완점을 놓고 대화하려고 노력합니다. 제 경험을 이야기 해주면서 아이에게 용기와 도전을 격려하려고 합니다.

사실 학교 다닐 때의 성적으로만 말하자면 저도 어디에 빠지지 않는 경험을 가지고 있습니다. 제가 중고등학교를 다니던 시절엔 한 반에 거의 70명이나 되어 10학급이던 당시 전교 학생 수는 무려 700명이 넘었습니다. 한 반에 30여 명인 요즘과는 비교가 안될 만큼 학생 수가 많았습니다. 그런 상황에서 전교 1등을 몇 번이나 했던 경험이 있습니다. 이런 사실을 할머니를 통해 자주 듣던 제 아들들이 자칫 아빠는 원래 공부 잘 하는 사람이고 자신들과는 다른 역량을 가진 사람이라고 벽을 두고 바라볼까 봐 의도적으로 저의 실패담도 자주 들려주었습니다. 저 역시 놀고 싶었고, 학업 성적에 대한 부담감에 고민했던 날들이 있었노라고, 아빠도 우리와 똑같았네 라고 자신감을 가질 만한 이야기를 일부러 들려주면서 아이들이 용기를 가지도록 애썼습니다. 그런 반복된 노력으로 이런 편지를 받게 된 것입니다.

　　아는 것이 힘이 아니라 실천하는 것이 힘입니다. 독자 여러분들도 자녀들과의 대화에서 이런 부분들을 찾아보시고 대화에 적용해 보십시오. 평소에 자녀와의 관계를 어떻게 형성하고 자녀와의 친밀감을 어떻게 만들어 가는지가 중요합니다. 자나깨나 성적과 진로, 그리고 옆집 아이와의 비교가 대화의 주제가 되어서는 안 됩니다. 이제 우리 부모들이 먼저 변해야 할 때입니다. 세상은 변화하는데 가정에서의 부모 리더십은 변하질 않습니다. 안 좋은 줄 알면서도 변하질 않습니다. 이래서는 안 됩니다. 여러분도 '왜, 부모 리더십이 중요한가'를 깊이 생각하면서 지금 당장의 성적이 아니라 십 수 년 후의 아이들의 미래를 설계하시고 삶의 기초를 든든히 해 주시기 바랍니다. 답은 올바른 부모 리더십에 있습니다.

3 세살버릇 여든까지

우리 아이들이 초등학교 4학년과 1학년 때 처음으로 동네 태권도장에 다니기 시작했습니다. 어느 가정이나 그렇듯이 사내 아이들이라 당연히 운동을 시키려는 목적으로 보냈던 것입니다. 그런데 도장에 나간 첫 날 저녁에 두 아이들이 안방으로 오더니 "안녕히 주무세요. 효자가 되겠습니다"라고 하면서 큰 절을 하는 것이었습니다. 우리 부부는 아마도 도장에서 관장님 교육이려니 하고 웃으며 아이들 인사를 받고는 두 팔을 벌려 안아주면서 잘 자라고 인사했습니다. 태권도장이라도 운동과 인성 교육을 같이 한다는 점에서 흐뭇했습니다.

그런데 이런 취침 전 인사 습관은 그 후로도 계속 이어졌고, 심지어 이사를 해서 더 이상 도장에 나가지 않게 되고 아예 태권도를 배우지 않음에도 계속되었습니다. 우리 부부는 좋은 습관을 갖게 해주신 그 관장님이 늘 감사했습니다. 이제 고3이 되어 많이 늦게 들어오게 되면서 가끔 인사를 하지 않고 자게 되는 경우가 있기는 하지만 아직도 대체로 이런 식의 인사법은 지켜지고 있고 중3인 둘째는 여전히 매일같이 큰 절과 인사를 하고 있습니다. 그리고 우리 부부는 여전히 아이들을 두 팔 벌려 안아주고 잠자리에 듭니다. 워낙 어려서부터의 습관이라 서로 어색하지 않습니다. 그리고 사춘기 아들들과 매일 스킨십을 할 수 있는 계기가 되어 참 좋습니다.

지금도 거의 10년 가까이 매일 밤, 큰 절과 함께 부모에게 인사하는 두 아들을 보면서 어린 시절의 예절 교육과 인성 교육이 얼마나 중요한지를 새삼 생각하게 됩니다. 아마도 아이들이 어느 정도 자란 상태에서 이런 인사법을 가르쳤더라면 쑥스럽다고 안 했을 확률이 높았을 것입니다. 바로 이 점에서 자녀 교육을 위해서 어린 시절에 부모가 어떤 가르침을 주느냐가 중요하다는 사실을 깨닫게 합니다.

좋은 버릇을 들인 또 한 가지는 존댓말과 인사하기를 가르친 일입니다. 큰 아이를 낳고 우리 부부는 아이가 말을 배우기 시작할 때부터 존댓말을 가르쳤습니다. "이름이 뭐에요?"라고 물으면 겨우 입을 떼기 시작한 아들은 짧게 이름만 말하곤 했습니다. 그러면 반드시 "민경찬이에요"라고 다시 따라 하도록 시켰습니다. 이렇게 꾸준히 모든 말에 존댓말로 하도록 훈련 시켰더니 자연스럽게 부모에게는 물론이고 밖에 나가서도 어른들에게는 무조건 존댓말을 하게 되었습니다. 이 때 존댓말을 하는 습관을 가지게 된 큰 아이 덕분에 둘째는 태어나면서 존댓말 하는 형을 저절로 따라 하면서 존댓말을 쉽게 익히게 되었습니다. 처음이 어렵지 두 번째부터는 쉽게 이루어지는 것을 경험할 수 있었습니다. 지금도 아이들은 친구들이 집에서 부모에게 반말을 하는 것이 오히려 이상하다고 말합니다.

그리고 유난히 인사성이 밝은 제 아내가 특별히 강조한 것이 인사하기입니다. 아이들이 어려서부터 누구라도 만나면 반드시 인사를 공손하게 하도록 가르쳤습니다. 조금 커서는 인사만 잘 해도 세상 살기가 편해지고 사랑을 받을 수 있다고 강조하며 가르쳤습니다. 이후로 아이들은 신나게 인사하고 다녔습니다. 아파트에서든 마트에서든 길에서든 만나는 사람마다 밝고 경쾌하게 인사를 하고 다녔습니다. 가끔 집에 들어오면서 아이스크림이나 과일을 들고 들어오는 일이 있었습니다. 어디서 난 것인지 물으면 경비 아저씨가 인사 잘 한다고 주셨다거나 옆 동 할머니께서 인사했다고 주셨다며 싱글벙글하며 오는 일이 잦았습니다. 이제 사춘기를 지나고 있지만 두 아이들은 여전히 어디서건 인사를 잘하고 있습니다. 이렇게 어른을 공경하고 존중하는 예의를 배우며 대인관계의 기본을 익히도록 어려서 가르친 보람이 가끔씩 나타날 때마다 부모로서 뿌듯함이 밀려옵니다.

열왕기하 5장에 보면 나아만 장군의 이야기가 나옵니다. 당시의 위대한 장군인데 나병에 걸렸던 것입니다. 그런데 어떻게 되었습니까? 장군의 집에서 일하는 어린 하녀에게서 중요한 정보를 듣게 됩니다. 전쟁 중에 잡혀온 이스라엘의 포로 소녀로부터 사마리아에 있는 선지자 앞에 가면 나을 수 있다는 말을 듣게 되어 그대로 실천하지 않습니까? 앞 뒤 상세한 내용은 성경을 좀 더 읽어보시기 바랍니다. 결론적으로 나아만 장군은 하녀의 말대로 했기에 어린 아이의 살과 같이 희어지는 기적을 경험하게 됩니다. 이 어린 하인이 누군가로부터 신앙 교육을 받았기에 성경의 중요한 역사적 사건의 한 켠에 등장하게 된 것이 아닙니까? 어려서 배운 성경 이야기가 장군을 살렸습니다. 어린 다윗이 골리앗 앞에 당당히 나가 싸운 것과 다니엘이 사자 굴에 던져질 수 있는 상황에서도 꿋꿋이 신앙을 지킨 것처럼 아이들을 어려서 어떻게 가르치는가는 생각보다 위대하고 중요한 일입니다.

로버트 풀검 목사의 말대로 인간의 기초는 유치원 때 모두 다져진 다는 사실이 가슴으로 이해가 됩니다. 인생에서 필요한 모든 인성은 유치원에서 다 배운다는 사실입니다. 자녀 교육을 유치원으로 떠넘기라는 것이 아니라 그만큼 어려서의 가정 교육이 그 사람의 인성에 크게 영향을 미친다는 것입니다. 귀엽다고 응석을 무조건 받아만 준다면 그것은 아이의 장래를 망치는 결과가 될 것입니다. 특별히 요즘의 젊은 부부에게 이 점을 강조하고 싶습니다. 이 시대의 자녀 교육의 주체는 부모가 되어야 하며 교육의 중심은 학교나 학원이 아니라 바로 가정이 되어야 한다는 것입니다.

여기에서 강조하고 싶은 것은 아이들이 어렸을 적에 부모에게 순종하는 법과 부모를 공경하도록 가르쳐야 한다는 것입니다. 성경적으로도 이것이 올바른 자녀 양육의 원리입니다. 잠언 22장 6절에는 '마땅히 행할 길을 아이에게 가르치라. 그리하면 늙어도 그것을 떠나지 아니하리라'고 말씀하고 있습니다. 여기에서 '가르치라'는 영어로 train입니다. train은 기차를 말합니다. 기차는 정해진 선로를 다녀야 합니다. 제멋대로 이리 저리 다니면 안 됩니다. 그래서 여기에서 생겨난 단어인 training, 즉 교육 훈련이란 정해진 규범과 방향을 가르치는 것을 의미합니다. 부모가 올바른 지도를 하고 정해진 경계를 밝히 알려주는 것이 '가르치는 것'입니다. 그리고 에베소서 6장 1절에는 자녀가 부모에게 순종하는 것이 마땅하다고 밝히고 있습니다.

뒤에서 리더십의 본질에 대해 자세히 언급하겠지만, 미리 밝혀두고자 하는 것은 부모의 권위는 가정에서의 리더십에 있어서 매우 중요하다는 것입니다. 어려서부터 부모의 권위를 인정하고 순종하도록 가르쳐야 합니다. 가정의 분위기를 올바로 만들어야 합니다. 이것은 부부가 합심하여 철저히 가정의 질서를 세워가야 합니다. 부모 리더십의 중요한 축인 부모의 권위를 세우되 결코 권위적이 되어서는 안 됩니다. 권위와 권위적인 것을 구별하지 못하기 때문에 많은 부작용이 생겨나는 것입니다.

집에 고급 골프 클럽이 있다고 자동적으로 훌륭한 골퍼가 되는 것은 아닙니다. 마찬가지로 자녀를 낳았다고 저절로 부모가 되는 것은 아닙니다. 훌륭한 부모가 되기 위하여 배우고 훈련하는 과정과 노력이 있어야만 합니다. 자녀가 어릴수록 이런 노력은 효과가 큽니다. 자녀를 키우다 보면 모두 느끼겠지만 아이들이 초등학교 고학년만 되어도 확연히 달라집니다. 그리고 중학교에 가면서부터는 거의 통제가 불가능해 집니다. 그래서 저는 사춘기 자녀를 키워본 적이 없다면 아직 부모가 아니라고 농담 삼아 말하고 있습니다. 아직도 더 많이 겪어 봐야 한다는 것입니다. 어쨌든 자녀가 어릴 때부터 부모로서의 확실한 가치관을 심어주는 것이 필요합니다.

영어 유치원에 보내거나 예체능 학원에 보내는 것 이상으로 어린 시절의 인성 교육에 투자하는 것이 중요합니다. 전 세계 인구의 0.2% 밖에 안 되는 유대인이 노벨상을 휩쓸고 미국 인구의 2%에 불과한 유대인이 미국 전체 평균 소득의 2배 수준으로 잘 살게 된 비결을 유대인의 자녀 교육에서 찾는데 이의를 제기하는 사람은 없습니다. 어려서부터 신앙으로 키우고 나라와 민족을 먼저 생각하게 하는 철저한 가정 교육의 힘이 오늘의 유대인을 만들었습니다.

자녀가 어릴 때부터 부모가 확고한 원칙을 가지고 양육하기란 생각보다 어렵습니다. 자꾸만 타협하게 되고 잘 해주고만 싶은 마음에 원칙을 깨뜨리게 되며 나중에 철들면 가르치겠다고 양보하게 됩니다. 그런데 이런 부모의 양육 태도가 결국은 문제가 됩니다. 때를 늦출 일이 아닙니다. 그 무엇보다도 중요하고 시급한 자녀의 삶의 가치관과 인성은 어릴 때 세워주어야 합니다. 그것도 다른 사람의 손에 의해서가 아니라 바로 부모가 직접 해야 하는 일입니다. 결코 미루지 마십시오. 부부가 항상 기도하고 상의하고 합의하여 자녀를 가르치십시오. 무엇이 옳고 그른 것이며 무엇을 해도 되고 해서는 안 되는 것인지를 명확하게 알게 하십시오. 그리고 부모가 솔선하여 실천하십시오.

우리가 과거에는 경제적인 문제에 얽매여 그저 먹고 사는 문제 해결에 올인 했습니다. 모든 사람들의 관심사가 온통 먹고 사는 문제였습니다. 하지만 이제 그러한 성장 지상주의, 물질적 팽창주의에 인간성 회복과 가치관 확립이라는 가정 교육의 우선 순위가 밀려서는 안 됩니다. 우리의 가정은 우리 부모가 나서서 올바로 세워야 합니다. 세 살 버릇이 여든까지 간다고 했듯이 어렵지만 어린 자녀에게 먼저 부모 리더십을 세우고 전해주어야 합니다. 이것이 건강하고 행복한 가정을 지키고 이어 나가는 유일한 방법입니다.

4 집구석 vs 가문

여러분도 잘 아시는 세계적인 거부 록펠러를 만든 것은 그의 어머니의 교육이었습니다. 세계 최고의 거부이기도 하지만 각종 기부와 사회 환원 등으로 그는 사람들의 존경을 받는 가문을 일으켰습니다. 이런 록펠러를 키운 그의 어머니는 자녀 교육의 10가지 교훈으로 유명합니다. 몇 가지만 소개하면 다음과 같습니다.

1. 하나님을 친아버지 이상으로 섬겨라.
   친아버지보다 더 중요한 공급자는 바로 하나님이시다.

2. 십일조는 하나님의 것이므로 먼저 구별한 후 그 나머지를 사용해야 한다.

3. 아무도 원수로 만들지 말라.
   다른 사람과의 관계가 좋지 않으면 일마다 장애가 될 수 있기 때문이다.

4. 아침에 목표를 세우고 기도하라.
   오늘 해야 할 일을 하나님께 맡기며 모든 일에 함께 해주실 것을 온전히 믿는 기도가 필요하다.

5. 예배 시간에는 항상 앞에 앉아라.
   예배 드리고 말씀 듣는 일에 누구보다 앞장서서 하려는 노력이 필요하다.

나머지 다섯 가지는 수고스럽지만 여러분께서 직접 찾아보시기 바랍니다. 워낙 유명한 내용이라 인터넷을 이용하면 쉽게 찾을 수 있을 것입니다. 잠시의 노력과 수고가 여러분에게 큰 감동과 교훈을 줄 것입니다.

록펠러는 겨우겨우 학교 공부를 따라갈 정도의 수준이었다고 합니다. 그런 그를 어머니는 신앙으로 훌륭하게 양육한 것입니다. 록펠러의 재산은 당시의 경제 규모를 감안하여 환산하면 지금의 빌 게이츠보다 13배나 더 많았다는 것입니다. 그리고 록펠러 가문의 이런 자녀 교육 10가지는 가훈이 되어 대대로 이어져오고 있습니다. 가난한 행상의 아들이 인류 역사상 가장 훌륭한 가문을 일군 것입니다.

믿음의 가문을 일군 사례에서 빠질 수 없는 분이 감리교의 창시자 요한 웨슬리의 어머니입니다. 열 명이나 되는 많은 자녀를 키운 수산나 웨슬리는 자녀 교육의 단호한 원칙이 있었습니다. 여러분 가운데에는 조금 의아하게 생각할 분이 있을지도 모르지만, 수산나 웨슬리는 아이들이 다섯 살이 되기 전에 그들의 내면에 있는 악의 기운을 완전히 꺾어 하나님께 순종하도록 교육한다는 원칙이 있었습니다. 이 점에서는 단호하고 요지부동이었습니다. 이는 수산나 자신부터 엄격한 청교도 가정에서 자라서 하나님의 뜻에 순종한다는 신앙의 원칙에 철저히 훈련이 되었기 때문입니다.

또 하나의 원칙은 가정에서의 아버지의 역할을 극대화했다는 것입니다. 아버지의 권위를 세워주고 어머니 자신도 아버지의 권위 앞에 순종하는 모습을 보여주었습니다. 이런 교육 원칙이 아이들도 아버지의 권위를 존중하고 따르도록 했던 것입니다. 여기에는 무엇보다 어머니의 지혜로운 역할이 중요합니다. 다만 이런 원칙에는 반드시 자녀에 대한 부모의 끝없는 사랑이 깔려 있어야 한다는 것입니다. 사랑이 뒷받침되지 못하고 강하고 엄하기만한 교육과 원칙은 자녀들에게 오히려 독이 되고 학대하는 모양만 될 뿐입니다.

1899년에 태어난 두 아이는 인류 역사상 가장 큰 영향을 준 인물 가운데 속합니다. 한 아이의 아버지는 성질이 몹시 급했고 그의 어머니는 가정보다는 사교 생활에만 관심을 두었습니다. 어려서 아버지가 죽고 나자 그 어머니는 알코올 중독자인 숙모에게 아이를 맡기고 가출하고 말았습니다. 미국의 텍사스에서 태어난 또 다른 아이는 자녀 교육을 위해 캔자스 농촌으로 이사까지 하며 하나님을 경외하라며 신앙 교육을 하였고 가족 모두가 교회에서 봉사에 앞장서는 모범을 보였습니다. 이 아이는 어머니의 품에 안겨 간절히 기도하는 생활을 하며 자랐습니다

　　두 아이 모두 장성하여 군대에 입대하였는데, 앞의 아이는 아돌프 히틀러이고 뒤의 아이는 드와이트 아이젠하워입니다. 전쟁과 학살의 대명사인 히틀러가 자살했다는 소식에 세계가 환호했던 반면에 아이젠하워가 세상을 떴을 때는 세계가 애도를 표했습니다. 무엇이 이 두 사람의 운명을 이렇게 극명하게 바꿔 놓았습니까? 바로 어머니의 영향이고 교육이었습니다. 우리가 잘 아는 맹모삼천지교의 교훈과 한석봉, 이순신 장군 그리고 김구 선생 등의 경우도 모두 어머니의 영향으로 위대한 인물로 성장하지 않았습니까?

　　자녀가 마땅히 행할 길을 제때에 제대로 가르치지 못하면 자녀 자신은 물론이고 그 가정이 무너집니다. 나중에 크면 달라지겠지, 아직 철이 없어 그러니까 그냥 놔두지, 애들이 다 그렇지 하면서 무슨 일을 해도 그저 애교로만 넘기는 요즘 부모들이 반드시 되새겨 봐야 하는 부분입니다. 우리의 가정을 그저 그런 집구석으로 만들 것인지 아니면 행복이 넘치는 가문으로 만들 것인지는 어려서부터 자녀들이 부모에게

어떤 영향을 받고 자라느냐에 달려 있습니다. 직장 일로 피곤하다고 미룰 일이 아닙니다. 부모가 서로 네 탓 내 탓하며 떠 넘길 일이 아닙니다. 유명한 학원 알아보고 입시 설명회는 따라 다니면서 아이들에게 어떤 선한 영향을 줄 것인지는 생각하지 않는 어설픈 부모가 되어서는 안됩니다. 적어도 사춘기 이전에 자녀들에게 어떤 부모 리더십을 보여 주느냐가 자녀의 인생을 결정합니다. 그리고 우리 가문의 모습을 결정하는 것입니다.

지난 2000년에 우리 사회를 떠들썩하게 했던 부모 살해사건이 있습니다. 새벽에 망치로 부모를 차례로 때려 죽이고 시신을 토막까지 내어 유기한 사건입니다. 범인은 다름아닌 그 집의 둘째 아들이었습니다. 그 아이의 일기장에는 '나는 사탄의 종인가, 아니면 애초부터 잘못 태어난 쓰레기인가? 어머니 말대로 싹수가 노란 내가 과연 성공할 수 있을까?' 라고 써 있었습니다. 평소에 부모와의 관계가 어땠는지 짐작이 가는 부분입니다.

여기에서 우리가 더 놀라는 것은 그 아버지는 장로였고 어머니는 권사였다는 사실입니다. 어떻게 신실한 신앙인의 가정에서 이런 패륜적인 사건이 발생했을까요? 결국은 신앙은 없고 종교만 있는 가정이었던 것입니다. 겉으로는 고상하고 신실한 신앙인처럼 보였을지라도 사실은 사랑과 섬김의 신앙이 아닌 철저한 외식적인 종교생활만 했던 것입니다. 해병대 출신의 아버지는 집에서도 군대 장교 노릇으로 일관하며 자녀와의 소통은 없었습니다. 밀어 부치기식의 지시만 있었을 뿐입니다. 마음에 안 들면 자녀에게도 욕설과 험한 말을 일삼았습니다. 사랑의 교류는 없었습니다. 자기 자신이 홀어머니의 지나친 기대 속에 명문여대를 나오고 자라난 그 어머니는 자기 공허함과 욕망을 자식을 통해 실현하고 해결하려는 심리적 강박증에 둘러싸인 전형적인 종교인이었습니다. 이런 부모 밑에서 자란 그 아들은 자식을 결과로만 평가하고 냉혹하게 대해주는 부모가 경멸스럽고 숨막혀서 견디기가 힘들었던 것입니다.

종교의 껍데기만 가지고는 아무것도 할 수가 없습니다. 그런 가정은 집구석이지 가문이 될 수 없습니다. 이제 우리 크리스천 가정들도 집구석을 만들고 있지는 않은지 진정으로 반성하고 회복해야 합니다. 무엇을 가정의 최우선적인 가치관으로 가르치고 있는지 돌아봐야 합니다. 특히 자수성가한 부모, 일류 인생을 살았다고 생각하는 엘리트 부모일수록 다시 한번 삶의 가치관을 돌아봐야 합니다. 자녀 잘 되라고 한다는 명분으로 자녀의 인성을 짓밟고 억압하지는 않는지 점검해야 합니다. 이 점은 목회자 가정도 예외가 아닙니다. 대형 교회를 일구고 평생을 성공적인 목회자로 살아왔다고 하는 가정에도 자녀 문제만큼은 여느 가정과 다를 바가 없는 경우가 적지 않습니다. 아니 어쩌면 더 심하게 어긋난 경우도 있습니다.

'나는 너보다 훨씬 더 열악한 환경에서 자랐어도 이렇게 성공했는데, 해달라는 것 다 해주고 먹이고 입혀주며 가르쳤는데 너는 뭐가 모자라서 그 모양이냐?' '내가 너만 했을 때는 이보다 더한 일도 했는데 너는 누구를 닮아서 그 모양이냐?'

우리의 자녀들이 가장 듣기 싫어하는 말이 바로 이런 말들입니다.

우리 부모 세대의 삶의 기준으로 자녀들을 바라보지 마십시오. 눈 높이를 맞춘다는 것은 아이들을 지금 모습 그대로 바라보는 것입니다. 가르친다고 하면서 우격다짐으로 집어 넣는 것은 효과가 없습니다. 거기에는 사랑과 교제가 있어야 합니다.

> 내게 주신 영광을 내가 그들에게 주었사오니 이는 우리가 하나가 된 것 같이 그들도 하나가 되게 하려 함이니이다. 곧 내가 그들 안에 있고 아버지께서 내 안에 계시어 그들로 온전함을 이루어 하나가 되게 하려 함은 아버지께서 나를 보내신 것과 또 나를 사랑하심 같이 그들도 사랑하신 것을 세상으로 알게 하려 함이로소이다. (요 17:22-23)

이것이 진정한 코이노니아입니다. 단순히 함께 먹고 마시고 노는 것이 코이노니아가 아닙니다. 요즘 코이노니아라는 미명아래 교회에서조차 구역이나 소그룹에서 엉뚱하게 행동하는 일이 있습니다. 그저 세상과 다르지 않게 먹고 마십니다. 그리고는 코이노니아라고 합니다. 이것은 잘못된 것입니다.

하나님의 말씀과 위로와 변화가 있어야 진짜 코이노니아입니다. 하나님과 교제하고 가족끼리 친교하는 영성의 코이노니아가 있는 가정을 만들어야 합니다. 이것이 믿음의 가문을 만드는 가장 행복하고 바른 길입니다. 이 일을 누가 해야겠습니까? 부모의 책임입니다. 다른 곳에 사용할 에너지와 시간을 쪼개고 만들어서 부모가 가정에서 해야 합니다. 이것이 부모 리더십의 첫걸음입니다. 부모가 변해야 자녀가 변합니다. 자녀가 변해야 가정이 변합니다. 그리고 가정이 변하면 세상과 역사가 변합니다.

5 성경 속의 부모 리더십의 유형

1) 편애하는 부모

우리 속담에 열 손가락 깨물어 안 아픈 손가락 없다는 말이 있습니다. 부모도 감정을 가진 인간인데 여러 자녀들을 보면서 더 애틋한 마음이 가는 자녀가 왜 없겠습니까? 특히 자녀 가운데 부족함이 있는 자녀라면 겉으로는 표현하지 않아도 마음으로는 신경이 더 쓰이고 안타까움이 더하는 것이 인지상정입니다. 하지만 올바른 부모 리더십을 세운다는 것은 이런 치우침을 경계해야 합니다. 특히 자녀의 능력이나 성적을 기준으로 평가하고 비교하는 양육 태도는 매우 위험합니다. 이것은 가족간의 갈등을 유발하고 커다란 상처를 주게 됩니다.

실용 음악을 전공하는 제 큰아들과 생태학자가 꿈인 둘째 아들은 성향도 다르고 여러 가지가 차이가 납니다. 중학교에 진학해서부터 피아노로 전공을 정한 큰아들은 줄곧 음악만을 해왔습니다. 특히 고등학교에 가면서부터는 아예 학업은 수업만 참가하고 모든 시간을 음악에만 사용하였습니다. 그래서 전학을 하거나 학년이 올라갈 때면 저와 아내는 담임선생님과 꼭 면담을 했습니다. 이 아이는 피아노를 전공하여 실용 음악과에 진학할 것이 목표이므로 학업은 신경 쓰지 않아도 됩니다, 학교 생활 지도만 잘 해주십사 하고 면담을 합니다. 그래야 학교에서도 학업 성적으로 스트레스를 주지 않으며 담임으로서도 진로 지도에 참고할 것이기 때문입니다.

사실은 아무래도 학교에서는 아이들을 성적으로 재단하는 습성이 있어서 자칫 학교에서 상처를 받거나 선생님과 관계가 틀어질까 염려하여 아예 면담을 통해 부모로서의 방침을 전달하고 양해를 구하기 위함이었습니다. 이렇게 하는 것이 아이나 선생님 모두 속이 편해질 거란 생각이 있었기 때문입니다. 다행히 그 동안 만난 선생님들이 모두 잘 이해해 주셔서 지금까지 비교적 순탄하게 음악의 길을 걷게 되었습니다.

그런데 둘째는 중학교에 가면서부터 본격적으로 공부를 하기 시작했습니다. 자신의 꿈이 생태학자이기 때문에 좋은 성적으로 좋은 대학에 진학해서 세계적인 생태학자가 되어 동물과 환경에 도움이 되는 삶을 살겠다고 합니다. 중학교 진학 후부터는 스스로 목표를 세우고 공부하며 지금까지 알아서 학업 수준도 체크하고 취미 생활도 적당히 하면서 크게 신경 안 쓰게 했습니다. 다행히도 성적도 줄곧 상위권을 유지하고 있습니다.

여기에서 우리 부부는 생각한 게 있습니다. 두 아이가 가는 길이 다르고 준비하는 내용도 다르니 아무리 학생이라고는 해도 두 아이를 성적으로 비교하지 말자고 말입니다. 그리고 아이들에게도 말했습니다. 음악만 하다 보니까 성적이 말이 아닌 첫째는 둘째한테 성적 때문에 기 죽을 것 없고, 둘째도 형의 성적은 신경 쓰지 말고 자신의 진로만 바라보라고 일러두었습니다. 각자의 달란트와 역량이 다른 것을 일률적으로 성적만으로 비교하는 것은 잘못이라는 생각을 아이들과 공유한 것입니다. 그래서 첫째는 둘째와는 비교도 할 수 없는 엉망의 성적표를 가져오면서도 전혀 거리낌이 없고, 둘째도 형의 음악 실력에만 관심을 보이는 초점 맞추기가 가능했습니다. 이것이 우리 가정의 평화와 행복을 유지할 수 있는 방법입니다.

성경에는 이렇지 못한 가정의 이야기가 많이 나옵니다. 자녀를 편애하다가 분란이 일어나는 사건이 많습니다. 대표적인 가정이 이삭의 가정입니다. 이삭은 쌍둥이 두 아들 가운데 장자인 에서를 좋아했고, 아내인 리브가는 동생인 야곱을 좋아했습니다. 어쩌면 100세에 낳은 귀한 아들로 자라면서 여성적인 성향을 보인 이삭이 사내답게 자라는 에서를 좋아했고, 이삭의 아내로 택함 받고서 며칠 머물다가 가라는 권고를 마다하고 떠날거면 즉시 떠나겠다고 당당히 자신의 의견을 밝힐 정도의 활달하고 진취적인 리브가가 여성적인 야곱을 좋아한 것은 자연스러운 이치인지도 모르겠습니다. 어쨌든 이삭의 편애를 경험한 야곱은 나중에 결혼하여 자신의 아들 가운데 요셉과 베냐민을 편애하는 모습을 보여 편애의 대물림까지 이루는 역사성을 보이기도 합니다.

편애의 결과는 어떻습니까? 형제간의 시기와 질투로 가정은 깨지고 심지어 죽이기까지 하고자하는 악한 마음에 사로잡히게도 됩니다. 그리고 서로 갈라선 형제들을 바라보며 부부 사이도 갈라지고 갈등하는 모습을 볼 수 있습니다. 이처럼 편애하는 부모는 자녀의 전 생애에 걸쳐 큰 상처와 부정적인 영향을 미치는 것입니다.

2) 방임적인 부모

　　우리가 혼동하는 개념 가운데 하나가 민주적인 것과 방임적인 것입니다. 이것은 자녀 양육에 있어서도 마찬가지 입니다. 민주적인 양육과 방임적인 양육은 엄연히 다른 것입니다. 그런데 흔히 이 두 개념을 혼동합니다. 자녀의 인격과 의사를 존중하고 배려하는 민주적인 양육은 좋게 볼 수 있지만, 자녀에게 필요한 징계나 통제를 전혀 하지 않는 것은 방임적 태도로서 결코 바람직하지 못한 태도입니다. 소위 자녀의 기 살리기 명분으로 무조건적으로 자녀의 편만 들어서 입에 단 것만 제공하는 것은 잘못입니다. 처음에는 별 것 아닌 것 같아도 나중에는 전혀 통제 불가능한 상태가 되어 부모 가슴에 못을 막기도 합니다.

　　엘리 제사장의 경우가 바로 이렇습니다. 본인은 흠이 없을 만큼 훌륭한 삶을 살면서 대제사장까지 되었지만 그 아들들은 올바로 양육하지 못했습니다.

> 엘리의 아들들은 불량자라 여호와를 알지 아니하더라
> (삼상 2:12)

　　물건이 잘못 만들어지면 불량품입니다. 사람이 잘못 성장하면 불량자가 됩니다. 엘리의 아들들은 이런 불량자가 되었습니다. 제대로 교육받지 못하고 제멋대로 자랐습니다. 엘리의 아들들이 저주를 자청하는 일을 저질렀음에도 엘리는 아버지로서 단호하게 금하지 아니하였기에 하나님께서는 엘리의 집을 영영토록 심판하신다고 경고하셨던 것입니다.(삼상 3:12-13)

결국 자녀들이 전쟁에서 죽고, 엘리 본인도 목이 부러져 죽었으며, 며느리도 해산과 함께 죽는 비극을 맛보았습니다.

자식을 엄하게 키우는 부모라고 애정이 없는 것은 아닙니다. 물론 지나치게 엄하게만 키운다고 좋은 것은 아닙니다. 그러나 근본적인 원칙과 사랑을 바탕으로 일관되게 엄격한 원칙을 지켜나가는 교육 태도는 필요합니다. 앞서 소개한 요한 웨슬리의 어머니 수산나가 그런 사례입니다. 특히 어린 시절부터 가정에서 부모에게 삶의 가치관과 관계된 규율을 배우고 따르는 습관은 자녀의 인생에 있어 매우 중요한 영향을 미칩니다. 자녀가 무슨 일을 하든 그저 괜찮다고 놔두라고만 한다면 아이들은 방종에 빠질 위험이 있습니다. 이것은 자녀 자신에게도 나쁘지만 그들의 미래 가정에도 나쁜 영향을 끼칩니다. 제때에 제대로 통제할 것은 통제해야 합니다.

3) 과잉보호 부모

대기업에 근무하다 지금은 작은 중소기업 임원으로 있는 친구에게 들은 실화입니다. 하루는 같이 근무하는 직원이 사장님과 그 친구가 외근이 없이 사무실에 함께 있는 일정이 언제냐고 묻더랍니다. 워낙 외근이 잦다 보니 사장과 자신에게 상의할 것이 있어서 그런가 보다 하고 언제 언제는 사무실에 같이 있을 거라고 말해 주었답니다. 그런데 그날이 되자 그 직원과 직원의 부모가 함께 면담을 위해 찾아 오더라는 것입니다. 이유는 이직을 결심하고 사직서를 내야 하는데 차마 그 직원이 혼자서는 용기가 없었는지 부모와 함께 찾아 왔더라는 것입니다.

믿기지 않겠지만 사실입니다. 이런 사례는 요즘 젊은 직원들에게 종종 있는 일입니다. 기업체 강의를 나가 보면 신입사원 부모가 자녀의 부서 배치 문제로 부서장에게 직접 전화하는 사례가 있습니다. 지방 근무 발령이 나자 직원 부모가 직접 나서서 서울 근무로 바꿔 달라고 요청하는 사례도 있습니다. 대학에서 수강 신청이나 학점 관련 이의 제기를 학생이 아닌 부모가 하는 일도 많이 있습니다. 한 자녀가 대부분인 요즘 우리 가정에서는 자녀의 일이라면 부모가 발벗고 나서는 일이 비일비재합니다. 그것도 유치원이나 초등학생의 경우가 아닌 성인이 된 상황에서도 말입니다. 아마 할 수만 있다면 군대도 대신 가겠다는 부모가 나오지 않을까 싶습니다. 하긴 아내 입장에서는 남편을 아들대신 군대에 다시 보내고 싶은 분들이 꽤 많을 것입니다.

무엇이든 지나치면 모자람만 못하다고 했습니다. 자녀에 대한 관심과 배려도 필요하지만 도를 넘어서는 것은 오히려 독이 됩니다. 적당히 관심과 사랑의 거리를 유지하는 것이 중요합니다. 자녀 사랑에도 절제가 필요합니다. 자식 사랑에 뒤지고 싶은 부모가 어디 있겠습니까? 하지만 절제해야 합니다. 그것이 자녀와 부모 모두에게 유익합니다. 자녀에게 지나치게 사랑을 베풀다 보면 자칫 하나님도 뒤로 제쳐놓게 됩니다. 이런 경우 자녀가 우상이 되기 십상입니다. 삶의 최우선이 자녀가 되기 때문입니다. 그런데 이렇게 쏟아 부은 사랑을 정작 자녀들은 귀하고 고마운 줄 모르게 됩니다. 당연한 것으로만 여깁니다. 그러니 문제가 되는 것입니다.

구약에 나오는 다윗 왕은 자신을 배신하고 반역의 길로 들어선 아들 압살롬을 지나치게 사랑합니다. 그 아들이 자신을 위협하고 공격해 오고 심지어 자신의 후궁을 범하는 극악한 죄를 저질렀음에도 아들을 징계하거나 응분의 조치를 취하지 못합니다. 사무엘하 15장, 16장에 나오는 이야기를 살펴보면 결국 다윗 왕이 우리아의 아내 밧세바를 범했던 바로 그 곳에서 자신의 전철을 밟아 아들이 자신의 후궁을 범하는 치욕스러운 사건이 일어나게 됩니다. 부모가 단호하고 적절하게 자녀를 제재하고 징계하는 양육의 태도가 얼마나 중요한지 알 수 있습니다.

4) 균형적인 부모

올바른 부모 리더십을 세우는 일에서 가장 중요한 것은 부부가 연합하는 일입니다. 많은 가정에서 자녀 양육 문제로 고민하는 것 가운데 하나가 바로 양육 방법에 대한 부부의 이견일 것입니다. 서로 자신의 방법대로 하려고 하다가 갈등이 생기고 심각한 지경에까지 이르는 경우를 보게 됩니다. 부모로서 자녀에 대한 애정과 책임감에서 시작된 일이겠지만 이렇게 부부가 연합하지 못하고 혼란을 겪는 것은 좋지 않습니다. 자녀 양육의 원칙과 방법을 현명하게 상의하고 일치시켜야 합니다. 그런 대화가 부부 사이에 충분하게 있어야 합니다. 부모 노릇이 그리 쉽지도 않으며 그렇게 단순하지도 않습니다. 부단한 노력과 시행 착오 속에서 개선되고 방향을 잡아가는 것입니다. 이런 노력과 시간의 투자가 부부 사이에 선행되어야 합니다.

그 남편에게 이르되 아이를 젖 떼거든 내가 그를 데리고 가서
여호와 앞에 뵈게 하고 거기 영영히 있게 하리이다. 그 남편
엘가나가 그에게 이르되 그대의 소견에 선한대로 하여 그를
젖 떼기까지 기다리라 (삼상 1:22-23)

한나가 어떻게 하여 얻은 아들입니까? 브닌나의 멸시와 괴롭힘에
수 없이 눈물 흘리며 간구한 아들입니다. 엘리 제사장이 마치 술 취한
사람 취급할 정도로 애타게 기도하여 얻은 아들입니다. 그런 귀한 아들
을 얻어 '주께 간구하여 얻은 아들' 이란 의미의 사무엘이라 이름하여
양육하고 있습니다. 이 때 한나와 엘가나는 함께 생각을 나누고 합의하
여 아들을 키우는 모습을 볼 수 있습니다. 부부 가운데 누구 한 사람의
목소리를 높이지 않습니다. 서로 존중하고 상의하여 합의하고 있습니
다.

자녀 양육에 있어 부부가 한 목소리를 내는 것은 자녀에게 혼란을
주지 않고 무엇을 따라야 하는지를 명확히 알게 함에 있어 주효합니다.
부부간의 신뢰와 존중이 있어야 가능한 일입니다. 그러므로 균형 잡힌
자녀 양육의 태도를 갖기 위해서는 먼저 부부 관계를 건강하게 만드는
노력이 있어야 합니다. 여기에서 최근 우리 한국 가정의 문제로 대두되
는 남편의 역할이 중요합니다. 전통적으로 한국의 가정에서 남편은 바
깥 일에 전념하고 집안의 일은 자녀 양육 문제를 포함하여 아내에게 전
적인 책임이 있는 것으로 되어 왔는데 이것은 바뀌어야 합니다. 오히려
남편의 자녀 양육에 참여하는 비중이 점점 중요해지고 있습니다.

자녀에게 건강한 성 역할을 보여주기 위해서도 남편의 지혜로운
참여가 절대적으로 필요합니다. 사회 활동의 우선 순위를 재검토하여
일부분을 빼버리더라도 자녀 양육에 시간과 에너지를 투입하시기 바

랍니다. 특히 자녀가 어린 경우엔 더욱 시간을 투입하십시오. 아버지의 역할이 꼭 필요한 시기는 그리 오래가지 않습니다. 적어도 초등학교 고학년이 되기 전까지는 아버지의 역할에 더 비중을 두십시오. 그렇지 못하면 아버지로서 역할을 제대로 하려고 시도할 때에 오히려 아이들이 피하기 시작합니다. 그때에 서운함과 후회가 밀려와도 이미 늦습니다. 제가 바로 그랬던 경험이 있기에 강하게 말씀 드리는 것입니다. 우리나라의 현실이 유치원에서 고등학교 졸업 때까지 교육의 생산자가 대부분 여성이라는 점에서 더욱 심각한 문제임을 알아야 합니다.

그리고 남편과 아내가 자신의 삶의 가치관을 공유하고 자녀의 삶에 대한 기대를 나누는 꾸준한 대화가 있어야 합니다. 이런 과정을 거치면서 자연스럽게 부부간의 친밀감과 애정도 돈독해지는 부수적인 성과도 거둘 수가 있습니다. 많은 부부들이 집에서 부부 사이에 도대체 무슨 대화 거리가 있느냐고 의아해 합니다. 집에만 있으면 부부가 서로 할 말이 없다고 한탄합니다. 이 문제는 뒤에 가서 상세히 다룰 예정입니다만 우선 자녀 양육의 원칙을 주제 삼아서 대화를 시도해 보십시오. 관련 자료를 검색하고 서로 살펴 보면서 대화를 하다 보면 다양한 주제로 대화가 확장됨을 경험할 것입니다. 시간이 없어서 못할 뿐이지 할 말이 너무나 많은 부부가 되실 것입니다. 자신 있게 말씀 드리건대 누구나 할 수 있습니다.

제 2 장
What

무엇이, 부모 리더십의 본질인가?

1 리더십의 본질이해

리더십이란 leader의 ship에 대한 의미입니다. 단위 공동체에 있어서 '이끌어 가는 자'란 의미의 leader에 '자세, 태도, 정신'이란 의미의 ship으로 구성된 말입니다. 즉, 리더십이란 어느 공동체의 리더가 가져야 할 자세와 정신을 의미한다고 문자적으로 해석할 수 있는 말입니다. 그런데 이런 리더십이란 말이 최근 유행처럼 번지고 있습니다. 어디에서나 리더십을 강조합니다. 그런데 진정한 리더십은 보이지 않습니다. 우두머리나 보스는 많은데 리더는 없습니다. 권력자는 많은데 리더는 없습니다. 그래서 더욱 리더십에 목말라 하고 있는 것인지도 모릅니다. 여러분은 리더이십니까? 리더십을 무엇이라고 생각하십니까? 그리고 그 리더십을 갖추고 있습니까?

먼저 우리는 리더십에 대한 올바른 이해를 해야 합니다. 흔히 우리가 알고 있는 리더십은 사실 리더십이 아닙니다. 리더십이라고 하면 먼저 떠오르는 단어가 무엇입니까? 파워, 지위, 나이, 경력, 능력, 군림 등의 단어가 먼저 떠오른다면 분명히 리더십을 오해하고 있는 것입니다. 그런데 대부분의 사람들이 이런 단어를 떠올립니다. 그래서 리더십이 없는 세상이 되었습니다. 아니, 리더십을 가장하여 착취하고 억압하고 갈취하기까지 하는 세상이 되었습니다. 적어도 우리 가정에서만큼은 이런 부작용이 없어야 하겠습니다. 그래서 리더십의 이해가 중요합니다. 알아야 제대로 실행할 수가 있는 것입니다.

리더십에 대한 정의가 수 없이 많이 있기는 하지만 저는 여기에서 가장 단순하면서도 많은 전문가들이 공감하는 정의를 소개하겠습니다. 세계적인 리더십 전문가이자 미국에서 영향력 있는 목회자인 존 맥스웰 박사의 정의에 의하면 **'리더십은 영향력'**이라는 것입니다. 누군가에게 영향력을 끼치는 것을 말합니다. 그 영향력의 크기가 리더십입니다. 더 이상 나이나 지위의 높고 낮음, 혹은 권력의 크기가 리더십을 의미하지 않습니다. 그 사람이 가지고 있는 영향력의 크기가 리더십입니다. 결국 리더가 된다는 것은 영향력을 키우는 것과 같습니다.

그리고 영향력을 키워서 남들이 따르도록 하는 것이 리더십입니다. 과거의 패러다임에서는 추종자가 리더의 말에 의해 억지로라도 해야 했습니다. 그래도 리더십이라고 했습니다. 하지만 이제 바람직한 리더십은 그와는 다릅니다. 따르도록 하는 것에서 더 나아가 따르고 싶도록 만드는 것이 리더십입니다. '하게 만드는 것'은 힘으로도 할 수 있습니다. 그러나 '하고 싶도록 만드는 것'은 힘으로만 할 수 있는 일이 아닙니다. 영향력을 발휘하여 하고 싶도록 만드는 것, 이것이 리더십의 본질입니다. 이런 리더십을 갖춰야 합니다.

직장에서 리더십을 지위를 이용하여 발휘하는 것은 한계가 있습니다. 교회에서 직분을 가지고 리더십을 발휘하면 문제가 발생합니다. 어느 조직에서 나이를 앞세워 리더십을 행사하려고 한다면 갈등이 생깁니다. 가정에서도 마찬가지입니다. 부모라는 이유만으로 리더십을 내세운다면 자녀와의 관계가 깨집니다. 이제 올바른 리더십의 개념을 바탕으로 리더십을 발휘해야 합니다. **따르고 싶고, 하고 싶도록** 만들기 위한 노력과 연구가 있어야 효과적인 리더십을 발휘하는 것입니다. 이것은 시간과 인내가 필요한 일입니다. 하루 아침에 되는 것이 아닙니다. 그래서 존 맥스웰 박사도 과정의 법칙에서 리더십은 매일매일 개발하는 것이지 하루 아침에 되는 것이 아니라고 했습니다.

우리나라 학생들의 수학, 과학 실력은 세계적으로 뛰어납니다. 국제 수학 경시대회 라든지 과학 올림피아드 등의 대회에서 우승을 한 적도 여러 번 있습니다. 특히 중고등학생의 실력은 추종을 불허할 만큼 우수합니다. 그런데 아이러니컬하게도 학업 성취 동기는 OECD국가 가운데 최하위를 기록하고 있습니다. 실력은 있는데 하고 싶어하는 자발성은 바닥이란 말입니다. 그러니 대학에 진학하면 세계 대학생들과의 실력 경쟁에서 형편없이 밀리는 현상이 나타나는 것입니다.

어릴 때는 잘하다가 점점 커가면서 실력이 떨어지는 현상, 이것은 스스로 학습하고자 하는 동기가 약하기 때문입니다. 시키는 것은 잘하다가도 성인이 되어 주도적으로 해내는 능력은 없다는 것입니다. 우리 사회가 시키고 통제하고 강제하는 것은 익숙한데 자발적으로 창의력을 발휘하여 하는 것에는 익숙하지 못하다는 말입니다. 올바른 리더십으로 이런 병폐와 약점을 고쳐 나가야 할 시기입니다. 가정에서부터 부모가 제대로 리더십을 보여주고 가르쳐서 자녀가 다음 세대를 이끌어 갈 수 있도록 인도해야 합니다. 그것이 부모 리더십을 갖출 이유입니다.

가정에서의 리더십이 바로 서지 못하면 결국 그 가족 구성원의 행복은 기대하기 어려운 것이고, 그런 불행한 가정에서 자란 자녀들이 사회에서 건강한 리더로 성장하길 기대하는 것은 무리입니다. 가정에서 올바른 리더십을 발휘하지 못하는 사람이 직장이나 조직 공동체에서 건강한 리더십을 발휘할 수는 없는 일입니다.

가정에서의 리더십이 바로 서지 못하면 가정 밖에서의 리더십도 바로 서기 힘든 것은 심지어 목회자의 경우도 예외는 아닐 것입니다. 최근엔 이혼하는 목회자 가정이 과거에 비해 늘고 있는 것도 간과할 수 없는 사회 문제입니다. 그분들의 속 사정까지야 일일이 알 수 없지만 목회자로서 가정에서의 리더십을 제대로 세우지 못하고 일방적이고 억압적인 모습을 보이고 자녀와의 관계가 깨지고 부부 사이가 멀어져서 이혼으로까지 치닫는 것은 엄연한 현실의 하나입니다. 이런 경우 아무리 교회에서 다른 모습을 보인다고 해도 그런 리더십에는 한계가 있을 수 밖에 없습니다. 그런 목회자의 양육을 받는 성도들이 행복하기엔 무리가 있습니다.

예수님도 리더십이란 결국 다른 사람을 지극히 사랑하는 마음으로 겸손하게 섬기는 것이라고 말씀하십니다. 마태복음 20장 25-26절을 보면 '이방인의 집권자들이 그들을 임의로 주관하고 그 고관들이 그들에게 권세를 부리는 줄을 너희가 알거니와 너희 중에는 그렇지 않아야 하나니'라고 하셨습니다. 한 마디로 진정한 리더는 겸손하게 사람들을 이끌고 섬기는 자가 되어야 한다는 것입니다.

예수님은 당시의 이방인과 로마의 리더들이 사람들을 착취하고 군림하는 왜곡된 리더십의 모습을 지적하시며 제자들에게는 그러지 말라고 당부하신 것입니다. 그렇다고 그 리더들의 권위 자체를 부정하신 것은 아닙니다. 히브리서 13장 17절에서 '너희를 인도하는 자들에게 순종하고 복종하라'고 말씀하신 것처럼 예수님은 리더의 권위나 파워 자체를 문제 삼은 것이 아니라 그 권력을 사용하는 방법과 자세를 지적하신 것입니다.

이러한 예수님의 리더십에 대한 가르침을 교회 안에서만 적용할 것은 아니라고 생각합니다. 직장에서나 가정에서 모두 동일하게 적용할 부분이라는 것입니다. 여러 기업을 다니면서 리더십 세미나를 진행하면서 느끼는 것은 우리 사회에 리더십에 대한 이해가 참 많이 부족하다는 것입니다. 여전히 우리 기업의 고위층은 권위적이고 일방적인 모습을 보이면서 리더십이라고 착각합니다. 자연히 소통도 안되고 경직된 분위기에서 복지부동하는 일도 다반사입니다. 그러면 임원 등의 리더층에서는 불만이 터져 나옵니다. 회사 분위기와 시스템에 문제가 있다고 지적하면서 화를 냅니다. 사실은 자신의 리더십에 가장 큰 문제가 있는 것인데 그것을 본인만 모르고 있습니다.

어느 유명한 중견기업의 오너는 칠순이 넘었음에도 회사의 모든 일을 혼자서 좌지우지합니다. 느닷없이 경영진을 불러들여서 마음에 안 드는 부분을 질책하고 그 자리에서 방침을 바꿔버리기도 합니다. 도무지 경영진이라도 정책을 펼칠 수가 없게 만듭니다. 심지어 자신의 자녀가 중역으로 있는데 그들도 믿지 못하고 일일이 간섭하고 지시합니다. 결국 그 회사의 유능한 경영진들이 몇 달을 못 버티고 퇴사하는 사태가 반복됩니다. 당연히 업무 일선에 있는 직원들은 눈 앞에 떨어지는 일만 챙기기 급급합니다. 아무리 좋은 제품력을 가지고 있더라도 그 기업이 시장에서 경쟁력을 가질 수가 없게 된 것은 당연한 결과입니다. 외부의 고객들이 신뢰하지 않게 되고 내부의 직원들이 사명감을 잃고 눈치만 보는 상황이니 회사가 잘 돌아갈 리가 없습니다. 지금은 회사 꼴이 말이 아닌 상태까지 되었습니다.

이것은 잘못된 리더십의 부정적인 영향력으로 인하여 조직에 막대한 피해를 준 사례입니다. 한 조직이나 공동체에서 리더가 올바른 리더십을 갖추지 못하면 이렇게 엉뚱한 곳에서 문제가 발생하는 것입니다. 최근 많은 교회에서도 목회자의 리더십 문제로 교회가 소송에 휩싸이고 갈라지기도 하고, 사회적인 비난의 대상이 된 경우를 보게 됩니다. 부끄럽지만 현실입니다. 애써 다른 이유도 찾을 수 있겠지만 결국은 그 교회 목회자의 리더십의 문제가 주요한 원인입니다. 리더가 바르게 서지 못하면 가정도 예외 없이 무너집니다. 왜곡된 리더십으로 똘똘 뭉친 부모가 가정을 제대로 다스릴 수가 없습니다. 오히려 가정을 파괴하고 자녀들을 핍박하게 됩니다. 그래서 리더는 아무나 되어서는 안 되는 것입니다. 그리고 저절로 리더가 되는 것은 더더욱 아니라는 것입니다.

모든 사회 조직의 가장 근원이 되는 가정에서 부모가 올바른 리더십을 이해하고 익히는 것은 다른 어떤 경우보다 더 중요합니다. 가정에서 리더십을 제대로 발휘하는 부모라면 사회에 나가서도 훌륭한 역할을 할 것입니다. 사도 바울은 '사람이 자기 집을 다스릴 줄 알지 못하면 어찌 하나님의 교회를 돌보리요'(딤전 3:5)라고 했습니다. 이처럼 자기 집과 교회를 같은 맥락에서 보고 있을 만큼 가정은 소중한 곳입니다.

그런 가정에서 제대로 리더십을 발휘할 수 있는 사람이라야 교회에서도 리더가 될 수 있다는 것입니다. 밖에서는 그럴듯하게 행세하면서도 가정에서는 딴판으로 변모하는 사람은 가정의 좋은 리더가 아닌 것입니다. 한 가정을 다스리는 것을 보면 그 사람의 리더십과 진짜 됨됨이를 알 수가 있습니다.

이제 과거의 왜곡된 리더십의 개념을 버리고 21C에 걸맞은 올바른 리더십에 대해 이해하시길 바랍니다. 그리고 군림하고 억압하는 일방통행 식의 잘못된 리더십이 아니라 섬기고 배려하며 따르고 싶은 마음이 들도록 제대로 리더십을 갖추기를 기원합니다. 매일 조금씩 변해 가면 됩니다. 혼자만이 아니라 부부가 함께 대화하며 격려하며 한 방향으로 리더십의 여정을 떠나시기 바랍니다. 자녀가 변화하고 가정이 행복으로 충만하게 변할 것입니다.

2 5단계 리더십의 이해와 적용

여러분은 부모로서 자녀들에게 어떤 말을 듣고 싶습니까? 어떤 말을 들으면 가장 행복할 것이라고 생각합니까? 좋은 성적을 받아 왔다는 말인가요, 취업에 성공했다는 말인가요, 아니면 해외 여행 보내주겠다는 말인가요? 인생을 살면서 부모로서 가장 감격할만한 말이라면 아마도 "제 부모여서 감사합니다"란 말이 아닐까 싶습니다. 어떻게 이런 말을 들을 수 있는 부모가 될 수 있을까요? 앞서 설명한 리더십의 본질에 덧붙여서 이제 소개하는 5단계 리더십을 충분히 이해하신다면 그 길이 선명하게 보일 것입니다. 한번 5단계 리더십에 도전해 보시지요.

예전에 제가 출간한 '리더십 내비게이터'란 책에 이 내용은 상세히 소개되어 있습니다. 여기에서는 그 핵심만 간략하게 소개할 것입니다. 더 관심 있는 분들은 그 책을 참고하시면 좋겠습니다. 리더십을 5단계 수준으로 분류하여 그 단계별 특징을 정리하면 다음과 같습니다. 이것은 가정에서만이 아니라 어느 직장이나 조직에서도 동일하게 적용할 수 있는 내용입니다.

먼저 가장 낮은 단계인 1단계 리더십은 권한과 지위(Right &

Position)에 의한 리더십입니다. 이 단계의 리더는 자신이 가진 지위, 직책, 권한 등에 의해 리더십을 발휘하고 구성원들을 이끌어 갑니다. 바꾸어 말하면 구성원들은 그 리더를 단지 지위가 있기 때문에 따르는 것입니다. 그 지위만 아니라면 따르지 않을 수도 있다는 것입니다. 우리는 과거의 리더십 패러다임으로 이런 것이 리더십이라고 생각해오고 있습니다.

이런 1단계 리더는 사실 리더라기보다 보스나 관리자에 가깝습니다. 보스는 구성원들을 관리하지만 리더는 구성원들을 리드합니다. 보스는 구성원들에게 두려움을 일으키지만 리더는 구성원들에게 열정을 일으킵니다. 보스는 구성원들에게 "내가"라고 말하지만 리더는 "우리"라고 말합니다. 보스는 실패의 책임을 묻습니다. 그러나 리더는 그 실패를 고쳐줍니다. 이렇게 리더는 보스와는 엄연히 다른 것입니다. 1단계 리더의 본질을 올바로 이해하고 그 다음 단계로 올라가는 노력이 필요합니다.

2단계 리더십은 관계와 허용(Relationship & Permission)에 의한 리더십입니다. 이 단계의 리더십은 구성원들이 리더를 위해서 움직이는 단계입니다. 단지 리더의 지위나 권한 때문만이 아니라 리더와의 긍정적인 관계가 형성되었기 때문에 따르는 것입니다. 야근을 해야 하는 상황에서 단지 상사가 시키니까 해야 하는 것이 아니라 상사를 믿고 좋아하니까 해야 한다고 생각하는 구성원이 있다면 그는 2단계 리더인 것입니다.

직장에서 퇴사하는 사람들이 가장 많이 이야기하는 퇴사의 이유는 조직내의 상사와 관계가 깨졌기 때문이라는 것입니다. 그 상사가 아무리 합당한 지위를 가졌고 출중한 능력이 있다 해도 자신과의 관계에 문제가 심각하다면 더 이상 함께 일할 수는 없는 것입니다. 어느 목회자가 아무리 지식이 많고 설교를 잘하며 교회를 부흥시켰다고 해도 성도들과 마찰이 있고 신뢰가 깨지면 더 이상 리더십을 발휘할 수 없게 되는 것입니다. 관계를 무시한 성과는 무의미한 것입니다.

3단계 리더십은 결과와 성과(Result & Production)에 의한 리더십입니다. 많은 조직에서 보면 일정한 지위를 가지고 있으면서 구성원들과 좋은 관계를 유지하고 있는 리더를 만날 수 있습니다. 그런데 그 조직에서의 성과를 만들어 내지는 못하는 경우가 있습니다. 그렇다면 구성원들이 그 리더를 따르는 데에도 한계가 있습니다.

이런 의미에서 3단계 리더는 조직에서의 성과를 만들어 내는 능력을 갖추었기에 구성원의 인정을 받는 것이고 그들이 따르도록 만드는 것입니다. 아무리 구성원들과 사이 좋게 지낸다고 해도 어느 회사의 리더가 조직에서 원하는 성과를 만들어 내지 못한다면 그는 리더의 자리에 있을 수 없게 됩니다. 3단계 리더십의 핵심은 해당 조직에서 리더로서의 역할을 통해 일정 수준 이상의 성과를 만들 수 있는 역량이 필요하다는 것입니다. 그런 능력을 통하여 구성원들이 신뢰하고 따르도록 하는 것이 3단계의 리더십이라는 의미입니다.

4단계 리더십은 재생산과 육성(Reproduction & People)에 의한 리더십입니다. 지금까지의 단계는 본인의 노력에 의하여 달성할 수 있는 단계입니다. 그러나 이제 4단계는 본인만 잘한다고 되는 것이 아닙니다. 그래서 이 단계가 가장 중요하면서 어려운 단계가 될 것입니다. 하지만 리더십은 궁극적으로 이 4단계의 리더가 되는 것이 목적입니다. 지금까지의 리더십 단계는 리더 자신에게 초점이 맞춰져 있습니다. 리더 자신이 지위를 얻는 것이고, 리더 자신이 관계를 형성하는 것이고, 리더 자신이 능력을 발휘하여 성과를 만드는 것이었습니다. 그러나 이 4단계 리더십은 초점이 구성원에게 맞춰져야 합니다. 이제는 리더 자신만 잘해서는 안 된다는 것입니다.

21C의 기업에서 리더십의 평가 목록 가운데 가장 역점을 두는 것 하나가 바로 얼마나 유능한 인재를 많이 육성했느냐 입니다. 자신만 능력을 갖추고, 자신만 성과를 낸다면 그는 단지 유능한 실무자에 지나지 않습니다. 리더란 자신과 같은 출중한 능력을 갖춘 구성원을 지속적으로 육성해야 합니다. 내가 잘하는 것과 남도 잘하게 만드는 것은 전혀 다른 문제입니다.

4단계 리더십을 위해서는 먼저 리더의 자세가 중요합니다. 구성원들을 사랑하고 진심으로 위하는 자세가 없으면 불가능하기 때문입니다. 자신의 성과를 위한 도구나 수단으로 육성하는 것이 아니고 진정으로 그들을 위해서 육성해야 하는 것입니다. 또한 마음만으로 육성할 수 있는 것은 아닙니다. 육성할 수 있는 실력이 있어야 합니다.

예수님이 12제자를 키우고 각자의 달란트대로 예수님의 사역을 이어가게 하지 않았다면 오늘의 교회가 존재하겠습니까? 많이도 아닌 제대로 된 12명의 제자를 키우셨던 것으로 오늘의 교회가 이어져 오게 된 것을 보면 다시금 4단계 리더십의 중요성을 깨닫게 됩니다.

가정에서의 리더십도 마찬가지라고 생각합니다. 가정의 리더인 부모는 자녀들을 양육합니다. 특히 우리나라의 부모들은 자녀의 실력 향상과 진학 지도에 그 어느 나라의 부모보다 열성적입니다. 그렇다면 우리나라의 부모들은 모두 4단계의 리더일까요? 4단계의 리더십은 그것을 의미하는 것이 아닙니다. 자녀들이 진정으로 올바른 인격체로서 사회에서 긍정적인 영향력을 발휘할 수 있도록 양육하는 것이 중요합니다. 이것은 학력이나 실력의 문제가 아니라 인격의 문제입니다. 삶의 가치관을 바로 잡아주고 건강한 인격체로서 살아갈 의미를 갖게 해주는 것이 필요합니다. 거기에 현실을 살아갈 능력을 키워주는 것이 필요한 것입니다.

5단계의 리더십은 인격과 존경(Respect & Personhood)을 통한 리더십입니다. 4단계의 리더십까지는 자신의 노력과 의지로 올라갈 수 있습니다. 이것도 당연히 쉬운 일은 아니지만 어쨌든 자신의 꾸준한 노력과 강한 의지로 달성할 수 있는 것입니다. 하지만 5단계 리더십은 자신의 의지만으로 되는 것이 아닙니다. 이것이 가장 특별한 점입니다. 여러분이 만약 4단계의 리더가 되었다면 이제는 시간이 필요합니다. 일정한 시간 동안 4단계의 리더십을 발휘하여 조직과 공동체의 구성원들에게 깊은 감동과 신뢰를 주었다면 훗날 여러분이 없게 된 상황에서도 그들은 여러분의 리더십에 영향을 받게 될 것입니다.

오늘날까지 수 많은 사람들의 가슴 속에 남아 있는 역사 속의 몇 몇 위대한 인물들은 수백 년이 지났지만 여전히 우리의 삶에 영향을 주고 있습니다. 그들이 바로 5단계 리더인 것입니다. 따라서 5단계의 리더는 자신의 의지로 되는 것이 아니라 주변 사람들이 인정할 때 가능한 것입니다. 아마도 이런 리더가 되는 것이 리더십의 최고가 아닌가 싶습니다. 가정에서도 부모로서 자녀에게 가장 듣고 싶은 말이 있다면 자신의 사후에 자녀들이 삶을 살아가면서 부모님을 기리며 "내 인생에 가장 큰 영향을 준 부모님께 늘 감사한다"라는 말이 아닐까요? 그런 영향력을 끼쳤다면 그 부모는 5단계 리더가 된 것입니다.

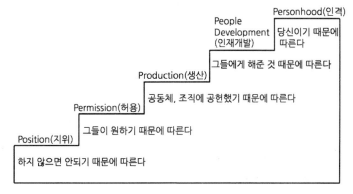

〈리더십의 5단계, 존 맥스웰〉

5단계의 리더십을 이해하고 착실하게 리더십의 수준을 높여가려면 가장 먼저 1단계의 리더부터 되어야 합니다. 리더십의 목표에 비춰보면 가장 낮은 단계라 하찮게 보일지 모릅니다. 그러나 먼저 리더십의 도입이 없다면 2단계 이후의 리더십 수준에 이를 수가 없는 것입니다. 어느 조직에서든 리더십을 발휘할 자격을 얻는 것은 중요합니다.

2단계 리더십을 갖추기 위해서는 진심으로 구성원들을 사랑하는 마음이 필요합니다. 다른 사람들과의 관계성에 관심을 가지는 것이 중요합니다. 그리고 일 자체보다 구성원들을 사랑하는 마음이 있어야 합니다. 리더에게 정작 중요한 것은 일이나 성과보다도 구성원들임을 잊어서는 안됩니다. 사람을 잃게 되면 일도 잃게 됩니다. 너무 옳고 그른 것만 따지지 말고 사람의 마음을 여는 방법을 구하는 자세가 중요합니다. 그래서 지혜가 필요한 것입니다. '지혜가 너로 선한 자의 길로 행하게 하며 또 의인의 길을 지키게 하리니'(잠 2:20). 지식으로 하는 일과 지혜로 하는 일은 결과가 다릅니다. 지식은 머리로 하는 것입니다. 이런 리더는 관계를 깨뜨리기 쉽습니다. 가슴에서 나오는 지혜로 사람을 얻는 리더가 되어야 합니다.

3단계의 리더십을 위해서는 실력을 키워야 합니다. 목표를 명확히 하고 일의 우선순위를 정확하게 구분해야 합니다. 그리고 결과에는 리더 자신이 먼저 책임을 지는 자세를 갖추어야 합니다. 강력한 추진력과 주도성을 보여 주어야 합니다. 리더의 솔선수범은 바로 이때 필요한 것입니다. 가정이나 조직에서의 리더는 역시 모범이 되어야 합니다. 가정에서도 부모가 자녀를 위해, 가정을 위해 최선의 노력을 하는 모습을 보여주어야 합니다. 반드시 돈을 잘 버는 부모가 3단계 리더가 되는 것은 아닙니다. 그러나 적어도 최선을 다해 끝까지 포기하지 않는 모습을 통해 자녀들은 부모의 존재를 인정하게 됩니다.

4단계의 리더십을 위해서는 사람을 키우는 데 역점을 두어야 합니다. 자신의 영광과 성취만을 바라서는 안 됩니다. 진정으로 위대한 리더는 남을 리더로 만드는 사람이라는 믿음을 가지는 것이 중요합니다. 아프리카의 속담에도 빨리 가려면 혼자 가고, 멀리 가려면 함께 가라고 했습니다. 4단계 리더는 구성원들도 자신과 같은 멋진 리더가 될 수 있다는 믿음과 희망을 주어야 합니다. 이것은 진정성이 있어야 합니다. 단지 일을 더 시키거나 성과를 도출하게 하기 위한 수단으로 사람을 키우는 것이 아니라는 신뢰 말입니다. 4단계 리더십은 이렇게 구성원들에게 가슴으로 받아들이는 비전을 공유시키고 그들을 또 다른 리더로 육성하는 것입니다.

마지막으로 5단계 리더십은 구성원들이 오랜 시간과 경험을 바탕으로 만들어 주는 것입니다. 5단계 리더십의 가장 높은 수준은 이런 인격의 리더십입니다. 여기에서는 우리가 스스로 할 수 있는 단계는 4단계 리더십이고 그런 경험을 진정으로 오랜 기간에 걸쳐 공유한다면 세월이 지나서 자연적으로 인격적인 존경을 포함한 5단계 리더가 된다는 점을 강조하고 싶습니다. 비행기에서 라면 다시 끓여오라고 행패를 부린 일로 한창 세상을 시끄럽게 만든 라면 상무나, 어느 유명 호텔의 중년 지배인을 주차 문제로 시비 끝에 뺨을 때린 빵 회장 사건 등을 생각하면 5단계 리더십은 쉽게 되는 것이 아님을 알 수 있습니다. 그래서 리더십은 항상 실력으로 시작하지만 그 마지막은 인격으로 끝이 나는 법입니다.

3 부모 리더십 의 자세와 조건

1) 주인 의식과 주인 행세

　루터가 말한 대로 가정은 자녀에게 있어서 일차적인 사회화의 장이고 최초의 학교이며 최고의 학습의 터전입니다. 그 곳에서 최초로 만난 교사가 바로 부모입니다. 따라서 자녀에게 가정과 부모는 그 어떤 것보다도 특별한 의미를 가지게 됩니다. 부모에게도 가정을 꾸리고 자녀가 태어나면서 많은 변화가 있게 마련입니다. 그리고 부모에게도 자녀는 매우 특별한 존재로 다가옵니다. 그런데 자칫하면 부모로서 자녀에 대한 지위를 오해하게 되는데 그것은 바로 소유권을 주장한다는 것입니다. 부모는 자녀에 대해 소유권을 주장하여 마치 자녀가 부모의 종속물인 것처럼 착각하기 쉽습니다. 열 달 동안 배 아파서 낳은 내 피가 섞인 자식인데 부모로서 자신의 분신처럼 여겨짐은 당연합니다.

　하지만 그것은 아닙니다. 아무리 내 배 아파서 낳은 자식이라고 해도 자신의 소유라고 주인행세를 해서는 안 됩니다. 자식은 부모의 소유가 아닙니다. '자식은 여호와가 주신 기업이요 태의 열매는 그이 상급이로다'(시 127:3)는 말씀을 보듯이 자식은 하나님께서 주신 선물입니다.

내 아들들을 원방에서 이끌며 내 딸들을 땅 끝에서 오게 하라
무릇 내 이름으로 일컫는 자 곧 내가 내 영광을 위하여 창조
한 자를 오게 하라 그들을 내가 지었고 만들었느니라

(사 43:6-7)

이 말씀을 보면 부모가 자식을 낳았지만 정작 자식을 만드신 이는
하나님이란 것입니다. 부모는 하나님의 위탁을 받아 자녀를 낳고 양육
하여 하나님의 영광을 나타내게 하는 청지기일 뿐입니다.

흔히 눈에 넣어도 아프지 않은 내 자식이라고 합니다. 저 역시 아
이들을 키워보니 아이가 아프면 차라리 내가 대신 아팠으면 좋겠다하
는 생각을 할 때가 있습니다. 그런 소중하고 사랑스러운 자녀가 내 것
이 아니라니 동의하기 어렵겠지만 사실입니다. 힘들겠지만 자녀의 주
인은 내가 아니라는 사실을 인정할 때 비로소 올바른 부모 리더십이 시
작됩니다. 자녀를 자신의 소유라고 주인 행세를 하는 한 부모 리더십은
왜곡될 뿐임을 알아야 합니다. 이것은 크리스천이 아닌 일반 가정의 부
모에게도 예외 없이 적용되는 사실입니다.

창세기 2장 24절에는 '이러므로 남자가 부모를 떠나 그의 아내와
합하여 둘이 한 몸을 이룰지로다' 라고 했습니다. 흔히 결혼식에서 많이
인용되는 성경 구절입니다. 그 만큼 결혼이란 것은 성인 부부가 부모를
떠나서 독립적인 가정을 이루는 것을 말합니다. 그런데 잘 생각해 보면
자녀가 부모를 떠나는 것일 수도 있지만 사실은 부모가 자녀를 떠나는
것이 될 수도 있습니다. 아니 오히려 부모가 자녀를 떠나야 한다고 말
씀 드리고 싶습니다. 특히 한국 가정에서는 부모가 자녀를 떠나지 못해
서 많은 갈등이 생깁니다. 결혼을 했음에도 여전히 내 자식이라는 소유
권 생각을 떨치지 못하니 사사건건 부딪히는 것입니다.

저 역시 위로 누님만 셋에다 막내 누님과 5살 차이가 나는 조금은 늦게 태어난 막내 아들로서 결혼 생활 20년 가운데 16년을 부모님과 함께 살면서 이런 상황을 직간접적으로 경험해보았습니다. 부모가 자식을 떠나 보내지 못하고 마음에 품고 있게 된다는 것은 바로 여전히 자식을 부모 소유라고 생각하는 것입니다. 그러니 부모의 마음에 들지 않는 행동을 한다거나 결혼을 하여 결혼 이전과 다른 모습을 보이면 서운하고 화가 나는 것입니다. 고부 갈등의 대표적인 원인이 결혼한 아들과 그 가정을 부모가 간섭하기 때문입니다. 왜 간섭을 할까요? 부모 마음에 안 들기 때문이지요. 그래도 자녀를 떠나 보냈다면 간섭을 하면 안됩니다. 그런데 간섭을 합니다. '환갑이 넘어도 너는 내 자식이다' 라고 주장합니다. 유교적인 전통 때문에 그런 부모를 잘못되었다고 지적하기도 힘듭니다. 그래서 갈등이 쌓이고 반복되는 것입니다.

'시월드'나 '처월드'란 말이 왜 생겼겠습니까? 전통적으로 시집 살이의 고충 때문에 시월드에 대한 알레르기 반응을 보이는 며느리들이 많습니다. 오죽하면 며느리들은 시내버스와 시금치도 싫다고 합니까? '시'자 들어간 것만 봐도 긴장이 되어 싫다는 것입니다. 그런데 시대가 변하다 보니 이제는 '처월드'가 생겼습니다. 처가 쪽 식구들의 간섭에 시달리는 남자들이 생겨난 것입니다. 이런 모든 문제의 원인에는 부모가 자녀에 대한 주인 행세를 끝까지 놓지 않기 때문입니다.

부모의 역할은 자녀를 양육하고 가르쳐서 집을 떠나게 하고 새로운 건강한 가정을 꾸릴 수 있도록 하는 것입니다. 그 다음부터의 삶은 그들 자신이 선택하고 살아가도록 지원하고 응원하기만 하면 됩니다. 언제까지나 부모의 손 안에 놓고 주인 행세를 하면 안됩니다. 한 가정에서 부모는 가정을 꾸려가고 자녀를 양육할 의무가 있습니다. 하나님께 위탁 받은 자녀에 대해서 책임이 있다는 것입니다. 성실하고 좋은 청지기로서의 책임감, 즉 주인 의식으로 가정을 돌보는 것은 부모의 바람직한 모습입니다. 그러나 자녀의 주인은 엄연히 내가 아닌 하나님임을 인정하는 것입니다. 이것이 부모 리더십의 첫 단계입니다. 책임 의식은 갖되 주인 행세는 하지 않는 것 말입니다.

2) 부모로서 롤 모델 되기

앞 장에서도 리더십은 하루 아침에 개발되는 것이 아니라고 했습니다. 꾸준히 노력하고 애써서 수준 높은 리더십의 단계에 오르도록 해야 합니다. 좋은 부모가 된다는 것은 자녀가 본받고 싶은 부모가 되는 것입니다. 따르고 싶은 마음이 드는 부모가 되는 것입니다. 본보기가 되는 부모 즉, 자녀에게 롤 모델이 되는 부모가 된다면 가장 멋진 부모 리더십을 보여 주는 것입니다.

아이들이 부모와의 관계가 겉돌고 안 좋은 이유는 부모의 삶의 모습에서 존경심이 생기지 않기 때문입니다. 존경심이 없는데 부모라는 이유로 지시하고 통제하니 아이들은 반발하는 것입니다. 또한 존경심이 없는데 부모가 대화하자고 다가오니 싫을 수 밖에 없습니다. 그것도 모르고 부모들은 아이가 변했다고 서운해하거나 못됐다고 나무랍니다.

디모데후서 1장 5절을 보면 '이는 네 속에 거짓이 없는 믿음을 생각함이라. 이 믿음은 먼저 네 외조모 로이스와 네 어머니 유니게 속에 있더니 네 속에도 있을 줄을 확신하노라'고 했습니다. 디모데의 인격과 신앙의 모습을 그 외조모와 어머니로부터 알 수 있다는 말입니다. 그들의 삶의 모습과 신앙을 보면 디모데에게 어떻게 가르쳤을지 알 수 있으므로 디모데를 인정할 수 있다는 말입니다. 외조모와 어머니를 보고 디모데를 알 수 있듯이 부모 리더십은 삶의 모습으로 먼저 본을 보이는 모델이 되는 것입니다.

한국의 부모가 자녀들에게 솔선하여 모범을 보인다면 아마도 가정의 많은 문제와 자녀와의 갈등이 사라질 것입니다. 그리고 자녀에게 부모의 권위가 바로 설 것입니다. 자녀에게 롤 모델이 되는 것이 그렇게 거창하고 어려운 일은 아닙니다. 일상의 삶에서 어떤 가치관을 가지고 살아 가는지를 자녀들에게 보여주면 됩니다. 그리고 자녀에게 늘 훈계하면서 말했던 내용을 성실하게 지키고 실천하면 됩니다. 공부하라고 하기 전에 부모가 먼저 공부하시면 됩니다. 여러분은 일년에 책을 몇 권이나 읽습니까? 자기 계발을 위해 어떤 일들을 하고 있습니까?

자녀들이 가장 듣기 싫은 말이 공부 얘기입니다. 여러분은 학교 다닐 때 어땠습니까? 그 말이 듣기 좋았습니까? 부모가 시키기 전에 항상 한눈 안 팔고 오로지 공부만 했습니까? 성적은 지금의 자녀들보다 항상 좋았습니까? 그런데 왜 자녀들에게는 누구를 닮았는지 모르겠다고 타박하시나요? 정말 누구를 닮았는지 몰라서 그런 하소연을 하시나요? 제가 단언컨대 자녀들에게 일류 대학 가기를 강요하기보다 부모 여러분이 지금이라도 다시 공부하여 그 대학에 입학하는 것이 더 빠를 수 있습니다.

주말 저녁이면 부부가 마주 앉아서 치맥(치킨과 맥주)으로 즐거운 시간을 보내지는 않습니까? 여러분의 거실에는 모아둔 양주 병이 많습니까 아니면 책이 더 많이 있습니까? 특별한 이유가 없음에도 주일 오후 예배나 금요 철야 예배를 빼먹고 여가를 즐기지는 않습니까? 즐거움으로 기꺼이 헌금하십니까 아니면 잔돈 찾아가며 체면만큼만 헌금하고 있습니까? 그렇게 살면서도 자녀들에게는 신앙에 대해 잔소리나 훈계를 하시나요? 그런 훈계를 자녀들이 들으면서 무슨 생각을 할까요? 자녀들이 어긋나는 데에는 그만한 이유가 있는 것입니다. 부모가 먼저 스스로를 돌아보아야 합니다. 자녀는 부모의 거울이라고 했습니다. 자녀를 보면 부모를 알 수 있고 부모를 보면 자녀를 알 수 있습니다.

자녀는 부모의 뒷모습을 보면서 자란다는 말이 있습니다. 앞에 앉혀놓고 이런 저런 잔소리 백 번 하는 것보다 한 번 실천하는 모습을 보여 주는 것이 더 효과적입니다. 그것도 일관되게 보여주는 것이 필요합니다. 알게 모르게 자녀들은 다 듣고 보고 자랍니다. 그리고 그들 스스로 판단합니다. 그렇기에 부모의 잔소리로 크는 것이 아니라 부모의 삶의 모습을 통해 성장하는 것입니다.

어느 아름다운 장애우 부부의 이야기입니다. 남편은 1급 시각 장애우이고 아내는 지체 장애우입니다. 그들의 생활은 폐지를 주워서 가계를 꾸려 나가고 있습니다. 그런데 아내는 온전히 몸을 가누기도 힘이 든 상태지만 남편을 위해 폐지가 있는 곳을 찾아서 남편 손을 잡고 안내해 줍니다. 그러면 남편은 시각 장애에도 불구하고 능숙하게 폐지를 접고 모아서 리어카에 싣습니다. 이렇게 하루 종일 부부가 온 동네를 누비면서 폐지를 줍습니다.

집에 오면 아내는 밥상을 차려서 남편에게 반찬을 일일이 집어주고 생선의 가시를 발라줍니다. 남편은 아내의 어깨를 주물러 주면서 위로합니다. 이렇게 사는 부부에게는 중학생 딸이 있습니다. 그런데 한창 예민한 시기의 사춘기 딸이 너무나도 바르게 성장했습니다. 전혀 삐뚤어지지 않았습니다. 그리고 나중에 크면 아빠 같은 사람을 만나서 결혼하고 싶다고 말합니다. 보통 같으면 절대로 아빠 같은 남자와는 결혼 따위는 하지 않겠다고 할만한 상황입니다. 하지만 그 딸에게는 훌륭한 가정 생활의 롤 모델이 있었기에 결혼관이나 세상을 바라보는 가치관이 전혀 부정적이지 않습니다. 이것이 부모의 역할입니다. 아무리 경제적으로 부유하고 사회적으로 높은 위치에 있는 부모라도 자녀가 나중에 자기 부모처럼은 살기 싫다고 한다면 올바른 부모 리더십을 보여주지 못한 것입니다.

3) 권위 vs 권위적

리더십을 이야기하면 가장 많이 언급하는 단어가 바로 권위일 것입니다. 하나님께서도 많은 지도자를 세우시면서 그들의 권위를 지켜주셨습니다. 하나님께서 세우신 지도자의 권위에 복종하지 않으면 크게 징계하셨습니다. 리더에게는 그에 상응하는 권위가 필요합니다. 그런데 권위 자체가 잘못된 것은 아닌데 이것이 변질되어 권위적이 되는 일이 발생합니다. 이것이 문제입니다. 하나님도 허락하신 권위는 가정에서도 필요한 것이지만 그렇다고 부모가 권위적이 되어서는 안됩니다.

권위는 남들이 인정해 주는 것입니다. 그 리더에게 존경과 순종의 표시를 하며 남들이 세워주고 인정할 때 권위가 됩니다. 그러나 권위적이라는 것은 스스로 세우고 주장하는 것을 말합니다. 자기 자신이 주장하는 것은 권위가 아니라 권위적인 것입니다. 리더가 권위적이 되면 구성원들이 따르고 싶은 마음이 없어집니다. 이미 우리는 리더십이란 따르고 싶게 만드는 것이라고 정의했습니다. 그런데 따르고 싶은 마음이 없어지게 만든다면 이미 리더십을 잃은 것입니다. 가정과 조직이나 공동체를 재미 없게 만들고 경직되게 만듭니다. 그래서 구성원이 밖으로 나돌게 됩니다.

권위를 세우려면 먼저 리더다움을 보여야 합니다. 리더의 인격으로 남들이 존경하고 따르고 싶게 해야 합니다. 그리고 실력이 있어야 합니다. 거기에 사랑의 마음이 있어야 합니다. 늑대 세계에서도 리더가 되는 늑대는 결코 포악해서는 안됩니다. 아무리 힘이 세고 용맹해도 무리를 사랑하고 헌신하는 늑대가 아니면 리더로 인정하지 않습니다. 반면에 무리를 위해서 며칠이고 다니면서 사냥감을 찾으며 헌신하고 무리 가운데 분쟁이 생기면 누구도 다치지 않는 방법으로 싸움을 말릴 줄 아는 늑대를 리더로 따릅니다. 하물며 인간인 우리는 어떻겠습니까?

존 맥스웰 박사는 리더가 권위를 세우는 방법으로 R·E·S·P·E·C·T의 조건을 말하고 있습니다. 이것은

사람들을 존중하라 (Respect)
사람들의 기대를 뛰어 넘어라 (Exceed)
확신 위에 굳게 서라 (Stand)
성숙한 인격을 품으라 (Possess)
개인적인 성공을 경험하라 (Experience)
사람들의 성공에 기여하라 (Contribute)를 의미하는 것입니다.

　여기에서 볼 수 있듯이 구성원들에게 인정 받고 존경 받는 권위를 가진 리더가 되려면 스스로 행세하고 높아지려는 모습이 아니라 오히려 남을 존중하고 배려하는 실력 있는 모습을 보여야 한다는 것입니다. 자신의 실력과 인품을 바탕으로 타인을 도와주고 존중하는 리더가 권위의 리더인 것입니다.

　좀 더 상세한 부분은 그의 책 '성경에서 배운 21분 리더십'을 참고해 보십시오. 우리가 리더로서 권위적이지 않으면서 권위를 세우는 좋은 방법과 지침을 말해주고 있습니다. 각 항목을 우리의 생활 속에서 하나씩 적용해 본다면 시간이 지나면 반드시 자녀에게 존경 받는 권위의 리더가 될 것입니다. '의인의 열매는 생명나무라 지혜로운 자는 사람을 얻느니라'(잠 11:30)는 말씀처럼 리더는 선한 영향력을 가집니다. 그것도 강력한 영향력을 가집니다. 그래서 사람들의 마음을 끌어 당깁니다. 억지로 힘을 쓰지 않아도 됩니다. 다만 리더가 가진 내면에서 나오는 영향력의 자석이 강하게 끌어 당기는 것입니다. 그리고 사람들이 따르게 되는 것입니다. 이것이 진정한 리더의 권위입니다. 부모도 자녀의 마음을 얻어야 합니다. 부모라는 지위를 이용하여 억압하고 통제할 수는 있겠지만 그들의 존경과 자발적 순종을 이끌어 내지 못하는 부모는 무엇인가 부족한 것입니다. 그것이 무엇인지는 개인적으로 찾아 보시기 바랍니다. 분명 부모 내면의 왜곡된 부분이 보일 것입니다. 겉으로 드러난 자신의 권위적인 모습에 속지 마십시오. 그것은 리더십이 아닙니다.

4) 지팡이와 막대기

우리는 시편 23편에 나오는 지팡이와 막대기를 잘 알고 있을 것입니다. 목자가 양떼를 몰고 다닐 때 지팡이로 방향을 잡아주다가 말을 안 듣는 일이 생기면 막대기로 양을 제지합니다. 이런 용도로 사용되는 지팡이와 막대기의 역할이 바로 부모의 역할입니다. 그런데 이게 어렵습니다. 부모 입장에서 어떻게 지팡이 역할을 해야 하며 어떻게 막대기를 사용해야 하는지 매우 어려운 일입니다. 대개는 자신이 성장한 경험을 통해서 판단하고 실행합니다. 하지만 지팡이와 막대기의 의미를 바로 이해한다면 나름의 올바른 기준으로 실행할 수 있을 것입니다.

자녀 양육의 지팡이를 바로 사용한다는 것은 올바른 가르침을 준다는 것입니다. 부모는 자녀의 청지기라고 했습니다. 하나님께서 부모에게 맡기신 자녀를 건강한 하나님의 기업으로 기르고 성장시켜서 때가 되었을 때 떠나 보내는 것이 부모의 역할이라고 했습니다. 그러면 예수님께서 가르치고 전파하고 고치셨던 것처럼 예수님의 3대 사역을 우리도 그대로 하면 됩니다. 자녀를 가르치고 전파하고 고치는 부모가 되면 됩니다. 이것이 지팡이의 역할입니다.

가르친다는 것은 단순히 말로 하는 것이 아닙니다. 부모가 자녀의 눈 높이에 맞게 말로 설명하는 것도 필요합니다. 하지만 그것만으로는 부족합니다. 자녀들에게 롤 모델이 되어 직접 보여주는 것이 뒤따라야 합니다. 아무리 여러 번 말을 해도 아이들은 마음 깊이 새기는데 부족합니다. 그래서 부모가 직접 보여주어 보면서 익히도록 해야 합니다. 직접 보면서 체험하고 반복하도록 해야 올바른 가르침을 줄 수 있는 것입니다. 그리고 어느 정도 익숙하게 되면 믿고 인정해 주는 것이 가르치는 좋은 방법입니다.

예수님도 제자들에게 말씀하시고 직접 행함을 보이셨습니다. 그리고 제자들을 마을로 보내시고 스스로 해보도록 하셨습니다. 그런 후에 돌아온 제자들의 말을 들으시고 안 되는 부분은 다시 교정해 주셨습니다. 완벽한 가르침의 모형입니다. 그래서 가르친다는 것은 단기간에 쉽게 할 수 있는 일이 아닌 것입니다. 그런데 우리는 어떻게 하고 있습니까? 한두 번 말해 놓고 다음 번엔 윽박지르기 일쑤입니다. 도대체 생각이 있느냐 없느냐 해가면서 아이를 야단치기 바쁩니다. GE의 유명한 경영자였던 잭 웰치는 성인이라도 중요한 말은 열 번 이상해야 마음에 각인이 된다고 합니다. 하물며 우리 자녀들이 부모의 말을 한두 번 듣고 온전히 행할 수 있다면 기적인 것이지요. 인내심을 가지고 솔선하여 보여주며 반복함이 중요합니다.

이번에는 막대기의 사용입니다. 에배소서 6장 4절에는 우리가 잘 아는 말씀이 있습니다. '또 아비들아 너희 자녀를 노엽게 하지 말고 오직 주의 교훈과 훈계로 양육하라' 는 말씀입니다. 여기에서 자녀를 노엽게 하지 말라는 말씀에 걸려서 자녀에게 주의를 준다든지 엄하게 하지 못하는 부모들도 많이 있습니다. 여기에서 우리가 말씀의 의미를 좀 더 세밀하게 살피고 이해한다면 그런 문제는 해결이 될 것입니다.

한국기독교 부모교육 연구회의 '성경적 자녀양육'에 보면 노엽게 한다는 말의 의미는 부모가 자녀에게 권위적인 태도를 보이는 것을 말합니다. 그래서 자녀를 학대하거나 인격적으로 무시하는 등 반복적인 비난과 책망으로 자녀의 마음을 낙담하게 만드는 일입니다. 단순히 자녀의 기분을 상하게 하지 말라거나 자녀의 비위를 건드리지 말라는 것이 아닙니다. 반복해서 자녀를 분노하게 만들거나 낙심케 하는 비인격적인 행위를 의미하는 것입니다. 그러니까 부모는 무조건 자녀의 기분을 맞추고 싫은 소리도 하지 말라는 것으로 확대 해석하거나 잘못 이해하면 안 되는 것입니다.

> 내 아들아 네 아비의 훈계를 들으며 네 어미의 법을 떠나지 말라 (잠 1:8)

> 대저 여호와께서 그 사랑하시는 자를 징계하시기를 마치 아비가 그 기뻐하는 아들을 징계함 같이 하시느니라 (잠 3:12)

> 채찍과 꾸지람이 지혜를 주거늘 임의로 행하게 버려 둔 자식은 어미를 욕되게 하느니라 (잠 29:15)

> 네 자식을 징계하라 그리하면 그가 너를 평안하게 하겠고 또 네 마음에 기쁨을 주리라 (잠 29:17)

특별히 성경의 잠언에는 자녀에 대한 훈계에 대한 말씀이 많이 있습니다. 분명히 자녀에게 잘못된 부분은 고쳐주고 바로 잡아주라는 말씀입니다.

그렇게 훌륭한 다윗 왕이 오히려 자녀 양육에 있어서는 올바른 징계를 하지 못하여 큰 실패를 당하는 장면이 나옵니다. 열왕기상 1장 6절에는 '그는 압살롬 다음에 태어난 자요 용모가 심히 준수한 자라 그의 아버지가 네가 어찌하여 그리 하였느냐고 하는 말로 한 번도 그를 섭섭하게 한 일이 없었더라' 는 말씀이 나옵니다. 과연 이런 양육의 태도가 낳은 결과가 무엇입니까? 그렇게 아끼던 아들 아도니야가 왕위를 찬탈하려는 음모를 꾸미지 않습니까? 은혜를 원수로 갚는 일을 벌인 것입니다. 다윗이 아버지로서 싫은 소리 한 번 안 한 결과가 결국은 이것입니다.

부모에게는 자녀를 노엽게 하지 않으면서도 적절한 교훈과 훈계로 자녀를 양육할 의무와 권위가 있습니다. 다만 그 방법을 바르게 사용해야 할 것뿐입니다. 여기에서 교훈이란 잘못을 징계하여 바르게 교정한다는 의미입니다. 그러니까 단지 말로만 하는 것이 아니라 벌을 주어서라도 교정하는 것을 말합니다. 그리고 훈계란 적절한 충고를 의미합니다. 따라서 교훈과 훈계로 양육함에는 상황에 따라서 징계도 할 수 있으며 충고를 하기도 한다는 것입니다. 다만, 자녀를 인격적으로 대하지 않는 등의 노엽게 하는 방법은 피하라는 것입니다.

좀 더 징계에 대한 말씀을 드릴 필요가 있겠습니다. 많은 부모들이 자녀에 대한 징계를 어려워합니다. 그래서 잘못된 징계를 하기도 하며 아예 징계는 나쁜 것으로 오해하기도 합니다. 그것은 징계라고 하면 우선적으로 처벌을 떠올리기 때문입니다. 처벌이라면 가장 먼저 체벌이 연상됩니다. 따라서 징계는 이 시대에 맞지 않는 양육 방법이라고 생각한다는 것입니다. 분명한 것은 성경에도 나오듯이 징계는 자녀 양육에 꼭 필요한 것입니다.

우리나라 가정 사역의 선구자이며 학자이신 김인수 박사와 미국 펠로십 교회의 에드 영 목사를 비롯한 많은 크리스천 전문가들이 하나같이 강조하는 것이 막대기의 효과적인 사용에 대한 의견입니다. 어설프게 관용으로만 양육을 하는 것이 결코 옳지 않다는 견해를 여러 자료를 통해서 제시하고 있습니다. 매우 민감한 부분입니다만 어쨌든 절제와 사랑을 바탕으로 하는 막대기의 사용은 오늘날 우리 가정에서, 특히 크리스천 가정에서 심도 있게 고민하고 검토할 사안이라고 생각합니다.

징계란 자녀의 잘못된 부분을 교정하여 바르게 살아가도록 해주는 미래 지향적인 부모의 양육 방법이라는 것을 알아야 합니다. 반면에 처벌은 과거의 잘못에 대해 응분의 대가를 지불하게 하는 형벌적 성격을 말합니다. 그러니까 징계라고 한다면 앞으로 더 잘 할 수 있도록 자녀를 변화시켜주는 것이고 처벌이라면 죄의 값을 치르도록 하는 것입니다. 이런 구별된 인식이 있으면 부모로서 자녀에 대한 징계를 두려워하지 않을 것입니다. 그리고 이런 모든 징계와 훈계는 하나님으로부터 나온 것이어야 한다는 것입니다. 부모 리더십을 발휘한다는 것은 이렇게 적절하고 올바른 교훈과 훈계를 일방적인 주인 행세를 하지 않고 오직 청지기적 사명으로 하나님의 뜻에 따라서 사랑하며 성실하게 실행하는 것입니다.

5) 프렌디 신드롬

　　최근에 우리 가정에 확산되고 있는 아버지에 대한 이미지로 프렌디라는 것이 있습니다. 친구라는 의미의 프렌드(friend)와 아빠라는 대디(daddy)의 합성어로 친구 같은 아버지가 되자는 것입니다. 전문가에 따라 의견이 다를 수는 있겠으나 개인적으로 저는 프렌디에 대해 반대하는 입장입니다. 아니, 좀 더 명확하게 말씀 드리자면 프렌디의 본질적인 의미와 배경에는 충분히 공감합니다. 한국적 가부장적인 아버지의 모습과 이미지를 바꾸어 좀 더 친밀한 아버지가 되자는 취지에는 적극 동의합니다. 하지만 어설프게 프렌디 개념을 도입하여 자녀와의 관계를 만들려다 자칫 낭패를 보는 경우가 너무 많기에 결론적으로는 반대한다고 밝히는 것입니다. 특히 어린 자녀를 둔 젊은 부부 사이에서 이런 프렌디가 되려는 모습을 많이 보게 됩니다. 그 결과 가정에서 자녀가 중심이 되고 자녀에게 모든 것이 쏠려서 자녀가 우상이 되기까지 하는 가정이 늘어나기에 말씀 드리는 것입니다. 이것은 프렌디가 아닙니다. 오히려 자녀를 망치고 가정도 망치는 일이 되기 쉽습니다.

　　그래서 저는 프렌디 대신에 따뜻한 권위의 아버지가 되자고 말씀 드리고 싶습니다. 따뜻하면서 단호하게 가정을 이끌어 가는 아버지가 있어야 가정이 바로 서게 됩니다. 과거의 전통적인 아버지의 모습에는 사실 이런 따뜻함이 없었습니다. 그래서 아버지와는 늘 서먹서먹한 관계가 많습니다. 심하면 부모로서의 애정도 없이 기계적인 관계가 되기도 합니다. 그러니 자녀에 의한 존속 살인 등의 끔찍한 범죄도 발생했던 것입니다. 따라서 무조건 자녀와 친구처럼 되려고 하기 보다는 아버지의 분명한 권위 안에서 따뜻함으로 자녀를 대하는 자세를 갖추자는 것입니다.

앞에서 언급한 대로 징계는 필요합니다. 상황에 따라서는 매를 들어야 할 경우도 있습니다. 그런데 프렌디를 주장하는 분들은 자녀 양육에 매는 금물이라는 것입니다. 있을 수가 없는 나쁜 방법이라고 하기도 합니다. 하지만 징계라는 의미는 매를 들어서라도 교정해야 한다는 것입니다. 다만 매를 드는 시기와 방법을 신중히 할 필요가 있는 것입니다. 부모가 매를 들게 되는 상황이면 대개 화가 난 상황입니다. 그래서 화풀이의 수단이 되기 쉽습니다. 그러다 보면 아이를 학대하는 심각한 부작용이 있을 수 있습니다. 그래서 매를 경계하는 목소리가 전문가 사이에도 많이 있습니다.

하지만 필요하다면 매를 아끼지 말아야 합니다. 다시 잠언 13장 24절을 보면 '매를 아끼는 자는 그의 자식을 미워함이라 자식을 사랑하는 자는 근실히 징계하느니라' 고 했습니다. 물론 여기에서 언급한 매라는 단어를 비유적인 의미로 해석할 수도 있습니다. 단지 훈계를 하라는 의미로 받아 들일 수도 있다는 말입니다. 하지만 저는 매를 들어야 할 때가 분명히 있다고 생각하는 쪽입니다. 특히, 청소년기 이전의 아이들에게는 젖먹이 유아가 아닌 한 매를 효과적으로 사용할 필요가 있다고 생각합니다. 자칫 자녀의 기 살리기의 일환으로 매를 멀리한다거나 자신의 감정을 자제하지 못하고 매를 사용하는 우려 때문에 매를 멀리한다면 다시 생각해 보시길 권해드리고 싶습니다.

여기에서 말씀 드리는 것은 매를 사용할 때는 사용하되 감정적 분노의 표출이 되지 않게 해야 한다는 것입니다. 그리고 무조건 매를 멀리 하는 것만이 자녀에 대한 사랑의 표현은 아니라는 것을 구별하여 알자는 것입니다. 얼마든지 일관된 규칙하에 자녀 스스로도 받아들일 수 있는 기준으로 부모의 권위를 가지고 매를 들 수가 있다는 말입니다. 자녀 훈계와 대화의 구체적인 방법에 대해서는 뒤에서 상세히 다루도록 하겠습니다.

매를 든다는 것은 화를 내는 것 자체가 목적이 아니라 자녀의 미래 지향적인 교정을 목적으로 사랑을 바탕으로 사용하면 됩니다. 이런 경우 그 동안의 자녀와의 관계 가운데 부모로서 지속적이고 안정적인 사랑의 관계를 만들어 오지 못했다면 매를 들면 안됩니다. 그만큼 매를 적절히 사용하기 위해서는 사전에 자녀와의 관계에 있어 자녀가 부모의 매를 충분히 수용할 정도로 관계를 만들어 놓는 일이 선행되어야 한다는 것입니다.

우리의 가정이 흔들리고 부모의 권위가 바로 서지 못하는 상황에서는 자녀들도 바로 서지 못합니다. 가정에서 제대로 징계와 충고를 경험하지 못한 자녀들은 사회에 나가서도 건강한 관계를 만들고 온전한 한 사람의 역할을 수행하기 힘듭니다. 그리고 무엇보다 다른 사람을 배려하고 존중하며 책임감 있는 크리스천과 사회인으로서의 삶을 살기 어렵습니다. 다시 한 번 부모의 역할을 상기할 필요가 있습니다. 부모는 자녀를 건강한 사회인으로 양육하여 적당한 때에 떠나 보내야 합니다. 그리고 훌륭하게 사회에 적응하여 자신의 몫을 해내도록 해야 합니다.

이를 위해서 멋진 부모 리더십을 가진 부모로서 자녀를 올바르게 징계할 줄 알아야 합니다. 올바른 징계를 위한 가족 간의 합의와 이해를 이끌어 내야 합니다. 그리고 실천으로 보여주어야 합니다. 부모가 어떻게 살아가면서 징계의 원칙을 지키는지, 자녀가 부모의 징계를 기꺼이 수용할 만큼의 권위를 어떻게 세워가는지 자녀가 보게 해야 합니다. 이것이 프렌디가 아니더라도 따뜻하게 원칙을 지키며 단호함을 보이는 부모 리더십이라고 하겠습니다.

4 부모의 역할 3가지

1) Mobilize(전략가)

성경에 나오는 느헤미야라는 인물을 통해서 우리는 전략가적 리더십을 배울 수 있습니다. 무너지고 방치된 초라하기 그지없는 예루살렘 성전의 소식을 들은 느헤미야는 성벽 재건의 꿈을 꿉니다. 주변 국가에서 아무도 성벽 재건을 원하지 않고 있으며 예루살렘 주민들조차 성벽 재건의 꿈이 없을 당시에 느헤미야는 자신의 앞에 놓인 무너진 성벽이라는 문제를 놓고 기도합니다. 그리고 거룩한 부담을 가지고 결심합니다. 성벽 재건의 비전을 가지게 된 것입니다. 그리고 120년 동안이나 방치된 성벽을 52일만에 재건해냅니다. 하나님은 위대한 리더십을 통해서 불가능한 일도 가능하게 이끌어 주십니다.

위대한 리더십을 가진 부모는 이런 전략가적 자질을 먼저 갖춰야 합니다. 요즘 부모의 전략가적 자질을 말하면 특목고나 과학고 입시에 대한 정보를 가진다거나 유능한 과외 교습이나 학원 정보를 꿰고 있는 것을 생각하기 쉽습니다. 한때 할아버지의 재력과 아빠의 무관심에 엄마의 정보력이 자녀를 일류 대학에 보내는 조건이라는 말이 나돌기도 했습니다. 그래서 우리의 가정에서 직장 일에만 치여서 세상 물정 모르는 속 터지는 아빠는 뒷전으로 밀려나고 알파 걸이 대세인 이 시대의 엄마가 유능한 기획사의 매니저처럼 철저히 자녀를 분석하여 일정을 짜고 관리하는 것이 중요하다는 논리가 힘을 받게 되었습니다.

하지만 이런 의미의 전략가가 되라는 것이 아닙니다. 진정한 부모 리더십의 전략가는 다음의 일들을 행하는 부모여야 합니다. 먼저, 상황을 파악하고 문제를 제대로 규명해야 합니다. 자녀의 상황을 올바로 파악하지 못하는 부모는 "내가 너한테 못해준 것이 뭐냐? 해달라는 대로 다 해줬는데 넌 뭐가 모자라서 그 모양이냐?"라고 질책만 합니다. 진정 자녀의 상황이 어떤 상태인지 전혀 알지 못하고 자신의 어릴 적 이야기만 귀가 아프도록 해댑니다. 물과 기름처럼 부모와 아이가 겉도는 상황이 반복됩니다. 전략가라면 가장 먼저 상황을 정확하게 파악해서 무엇이 본질적인 문제인지를 알아야 합니다.

문제 가정의 자녀들에게 공통적으로 들을 수 있는 말은 부모가 자신의 말을 한 번도 제대로 들어주지 않았다는 사실입니다. 언제나 일방적으로 부모가 잔소리와 지시만 했을 뿐이지 아이들의 말을 진심으로 관심을 갖고 들어주지 않으면서 다 안다고 착각합니다. 이런 부모와 자녀는 한 지붕 두 가족 생활을 합니다. 그리고 밖으로 나돌면서 친구들과만 어울립니다. 자신을 알아주지 않고 파악하지 못하는 부모는 소용이 없기 때문입니다. 자녀를 파악하기 위해서는 진실한 대화가 필요하고 관심과 관찰이 필요한데 우리 부모들은 그럴 시간적 여유가 없습니다. 그런데 사실은 그럴 자세가 안되어 있는 경우가 더 많습니다. 겉으로 불거진 문제가 없으면 뭐든지 잘 되고 있는 것으로 치부해 버리는 너무나 바쁜 부모가 문제입니다.

내 속으로 난 내 자식이니까 내가 가장 잘 안다고 착각하지 마십시오. 오히려 우리의 자녀에 대해 나만 모르고 있을 수도 있는 것입니다. 항상 사랑과 배려의 마음으로 자녀를 관찰하십시오. 감시가 아니라 관찰입니다. 그리고 대화를 하십시오. 무슨 말이든지 자주 대화를 하십시오. 정색을 하고 마주 앉아서 대화를 해야 하는 것은 아닙니다. 언제든지 가볍게 자주 대화를 하는 습관이 중요합니다. 그리고 아이들의 말을 존중하면서 잘 들어주십시오. 부모와 다른 생각을 이야기하더라도 끝까지 성의 있게 들어주십시오. 거기에서 아이들의 심리를 파악하고 정보를 얻고 상황과 문제를 분석하는 것입니다.

그 다음에 훌륭한 전략가는 비전을 제시합니다. 비전을 좀 더 상세히 구분하면 어디로 가야 하는지의 방향을 제시하는 것과 달성해야 할 목표를 제시하는 것을 말합니다. 느헤미야가 성벽 재건을 추진할 때 수 많은 사람들이 쉽게 동의하지 않았습니다. 그러나 자신의 성공 경험담을 들려주며 그들을 격려하고 성벽 재건의 가능성을 심어주었습니다. 그리고 사람들의 마음이 하나로 모아지도록 이끌어서 결국은 해내고 말았습니다. 분명한 비전을 제시하는 것은 기업이나 가정에서의 리더 모두에게 중요한 사명입니다.

자녀가 왜 공부해야 하느냐고 묻는다면 뭐라고 하시겠습니까? 왜 좋은 대학에 가야 하느냐고 묻는다면 뭐라고 하시겠습니까? 나아가서 왜 사느냐고 묻는다면 또 뭐라고 대답하시겠습니까? 여기에 대한 부모 나름의 대답을 준비하셔야 합니다. 이 대답을 준비한다는 것은 부모로서 자신의 삶의 비전을 먼저 명확히 세우는 것이 필요합니다. 그것 없이는 자녀의 질문에 대답할 수가 없을 것입니다. 묵시가 없는 백성은 방자히 행한다는 잠언의 말씀처럼 비전이 없는 백성은 망하는 것입니다. 비전이 없는 사람은 살아도 사는 것이 아닙니다. 그저 연명하는 것일 뿐입니다.

자녀에게 비전을 제시하기 위한 좋은 방법 가운데 하나는 가훈을 만드는 것도 좋습니다. 자녀와 함께 만들어도 좋고 가족 공모전을 이용해도 좋습니다. 어쨌든 가정의 비전으로서 가훈을 정하고 그 의미를 함께 나누면서 개인적인 비전을 설정하도록 유도해도 효과적입니다. 저희 가정은 "성실과 사랑으로 하나님을 영화롭게!"라는 가훈이자 비전을 가지고 있습니다. 13년 전에 가훈으로 정해서 아이들과 공유하고 있습니다. 물론 멋지게 액자를 만들어서 거실에 걸어두고 있습니다. 아이들도 이 가훈 아래에서 자기 나름대로의 비전을 설정하고 목표를 향해 나가고 있습니다.

영국의 총리였던 윌리엄 글래드스톤은 **"잘할 수 있는 일들 중에서 가장 잘할 수 있는 일을 선택해 지속적으로 추구하는 사람이 가장 현명한 사람이다"**라고 했습니다. 전략가의 자질 가운데 또 하나는 바로 우선순위를 정하는 것입니다. 우선순위를 정한다는 것은 중요한 일과 사소한 일을 구분한다는 의미입니다. 그리고 시간을 효율적으로 사용한다는 의미입니다. 눈 앞에 닥친 일들로 늘상 분주하고 정신이 없다면 우선순위의 원칙을 재점검해 보십시오. 생각나는 대로 일을 하지 말고 계획한 대로 일을 하도록 습관을 들이십시오.

자녀들에게 학습 지도를 할 경우에도 중요한 것이 무엇인지 먼저 파악하시고, 해야 할 일 가운데 가장 중요한 일이 무엇인지를 파악하십시오. 나중으로 우선순위를 돌릴 필요가 있는 일이 무엇인지 살피고 본인이 직접 하지 않아도 되는 일은 무엇인지 확인하기 바랍니다. 이렇게 아이들의 생활 습관을 챙겨주고 함께 살펴보는 가운데 더욱 분명하게 상황을 파악할 수 있게 될 것이며 아이들은 어떻게 우선순위를 정하는 것인지 배우게 되는 것입니다.

스티븐 코비 박사의 '성공하는 사람들의 7가지 습관'에는 중요하면서 급한 일이 최우선의 일이라고 했습니다. 그리고 급하지는 않지만 중요한 일을 미리 챙길 수 있는 계획성이 성공에 매우 중요하다고 했습니다. 즉, 아직 시간적 여유가 있어서 자칫 나중으로 미룰 일이라도 중요한 일이라면 조금씩 미리 챙길 수 있도록 해야 한다는 것입니다. 이런 일 처리 습관을 통해서 제한된 시간에도 많은 일들을 수행하는데 무리가 없도록 한다면 아이들의 스트레스 지수도 낮출 수가 있을 것입니다.

2) Model (모델)

잠언 14장 26절에는 '여호와를 경외하는 자에게 견고한 의뢰가 있나니 그 자녀에게 피난처가 있으리라'고 말씀합니다. 부모로서 자녀가 안전한 피난처를 가지고 살 수 있다면 얼마나 좋은 일입니까? 험한 세상에 다리가 되어 줄 수 있다면 얼마나 뿌듯한 일입니까? 그런데 그렇게 할 방법이 있다는 것입니다. 그것은 부모가 좋은 신앙의 모델이 되어 살라는 것입니다. 그 어떤 자녀 교육 전문가라도 강조하는 것은 부모의 삶의 모범입니다. 자녀에게 가장 중요한 영향을 주는 것은 부모의 삶의 모습이라는 것입니다.

특히 크리스천 가정에서 자녀를 올바로 양육한다는 것은 절대적으로 부모의 올바른 신앙 생활을 보여주는 것이 중요합니다. 신앙과 생활은 결코 분리된 것이 아닙니다. 언행일치를 넘어서 소위 '신행일치'의 삶은 가장 강력한 자녀 양육의 수단이 될 것입니다. 그리고 이런 모델이 되는 삶으로 부모의 권위는 세워지게 됩니다. 리더십의 관점에서도 리더의 언행일치의 모습이 가장 강력한 리더십의 요소입니다. 언행일치의 모습을 보이는 리더는 구성들이 따르게 되어 있습니다. 하지만 아무리 강력한 파워를 가진 고위직이라도 언행일치가 안 된다면 구성원들은 뒷담화에 열을 올릴 것입니다. 누군가에게 폼 잡고 열을 내어 훈계나 설교를 했는데 막상 듣는 사람이 속으로 '너나 잘하세요' 라고 말한다면 이 얼마나 부끄러운 일입니까?

일 년 내내 책 한 권 읽지 않는 부모가 자녀에게 공부하라고 아무리 윽박질러도 자녀의 마음에는 와 닿지 않습니다. 자녀들 앞에서 부부 싸움을 일삼거나 고성과 비난을 주고 받는 부모에게 자라난 자녀들은 부모를 존경할 마음이 생기지 않습니다. 나중에 결혼해서도 똑같이 소리지르고 비난하면서 싸울 확률이 높습니다. 자녀는 부모의 기대를 대신 충족시켜줄 아바타가 아닙니다. 부모 자신은 그렇게 살지 않으면서 자녀에게만 강요하는 것은 모순임을 알아야 합니다.

저희 집 거실에는 소파가 없습니다. 이미 십수년 전에 없앴습니다. 웬만한 가정에는 소파가 필수적으로 있습니다. 그런데 저희는 없앴습니다. 아시다시피 소파에 누우면 편안합니다. 그래서 주말에 TV를 틀어놓고 소파에 누우면 도무지 일어나고 싶은 마음이 안 생깁니다. 그러던 어느 날 소파를 보니까 반질반질하게 윤이 나 있는 것이었습니다. 이래서는 안되겠다 싶어서 과감하게 없앴습니다. 아이들이 막 커나가는 시기라 더욱 신경이 쓰였습니다. 그 후로 저희 집에는 소파 대신에 거실에 테이블과 의자를 놓았습니다. 당연히 저희 가정에서는 아무도 소파에 누워서 늘어지게 TV를 보는 사람이 없게 되었습니다.

로마서 2장 21절에는 '그러므로 다른 사람을 가르치는 네가 네 자신은 가르치지 아니하느냐 도둑질하지 말라 선포하는 네가 도둑질하느냐' 라고 말씀하고 있습니다. 내가 하지 않는 일을 남에게 시키는 것만큼 낯 간지러운 일은 없습니다. 부모가 자녀 앞에서 권위가 서지 않는 대부분의 이유는 모델이 되지 못하기 때문입니다. 언행일치의 삶을 살지 못하기 때문입니다. 자녀들은 모두 지켜보고 있습니다. 그리고 스스로 판단하고 학습합니다. 부모가 이래라 저래라 하는 말에 따라 배우는 것이 아니라는 것입니다.

자녀가 어리다고 모를 것 같지만 놀랍도록 잘 알고 있음을 어른들만 모르고 있는 것 같습니다. 한번은 어느 교회에 강의를 갔다가 목사님께 들은 이야기입니다. 설교 중에 어떻게 하면 마음에 안 드는 성도를 따돌리고 교회를 떠나게 할 수 있는지 질문을 했답니다. 그랬더니 뒤에 앉아 있던 여섯 살짜리 아이가 대답하기를 "그 사람 없을 때 끼리끼리 모여서 험담하면 떠나가요"라고 하더랍니다. 모두들 놀랐고 한편으로는 부끄럽기도 했답니다. 아이가 교회 여기저기 뛰어 다니면서 놀더라도 어른 성도들이 하는 이야기를 다 듣고 상황을 파악하고 있었다는 것입니다.

　최근 크리스천의 삶의 모습 가운데 음주와 관련된 모습이 우리의 주목을 끌고 있습니다. 예전과 달리 음주가 일상적인 삶의 일부분이 되다시피 한 요즈음 크리스천에게도 예외가 아닌 것 같은 불편한 진실을 피할 수가 없습니다. 성경에 음주에 대한 여러 구절을 각자 자기에게 유리하게 해석하는 모습도 불편할 뿐더러 아예 세상 문화와 기준에 우선 순위를 두는 모습도 불편할 뿐입니다. 사도 바울은 고린도전서 8장에서 우상에게 제물로 바쳤던 고기를 먹는 문제에 대해서 믿음이 약한 다른 사람을 위해서 걸림돌이 되지 않게 하도록 고기를 먹지 않겠다고 했습니다. 그만큼 성도의 본분 가운데 하나는 다른 사람의 믿음을 세워주는 일입니다. 하물며 자녀의 믿음을 세워주는 일은 부모의 가장 기본적인 책무입니다. 그런데 부모가 이런저런 이유로 자녀 앞에서 음주를 한다면 그 책임을 어떻게 질 것입니까? 자녀의 신앙관에 어떤 영향을 미친다고 생각하고 음주를 하는 것인가요?

　서울지방경찰청의 자료에 의하면 최근 3년간의 살인 사건의 40%와 성범죄의 30%가 음주가 원인이 되었다고 합니다. 우리나라 성인의 술 소비량은 세계적으로도 유명합니다. 우리나라 성인의 40%는 세계보건기구가 정한 적정 섭취량을 초과하여 마시고 있음도 알려진 사실입니다. 질병관리본부의 조사에 따르면 우리나라 고등학생의 절반이 음주 경험이 있다고 하고 여고생의 흡연률은 여자 성인의 두 배가 된다는 충격적인 보고가 있습니다.

우리 사회가 음주와 흡연에 너무 노출이 되었고 문화적으로도 음주에 너그러운 부분이 있는 것은 분명합니다. 그러다 보니 리더십의 자리에 있는 지도자들의 음주로 인한 일탈 행위도 도를 넘어서는 경우가 빈번합니다. 엄격한 규율과 절제가 생명인 군 부대 안에서의 고위급 지휘관의 음주로 인한 성범죄가 나타나더니 결국 사상 초유의 육군사관학교 생도의 음주 후 성폭행 범죄까지 발생하게 되었습니다. 게다가 현직 청와대 대변인이 대통령 순방길에서 음주와 성추행 혐의로 현지에서 경질되는 유례가 없는 일도 발생하였습니다.

크리스천 가정에서 부모들의 음주 행위는 자녀에게 치명적인 영향을 줍니다. 반드시 경계해야 할 일입니다. 그리고 교회 안에서도 음주에 관해서는 엄격한 기준으로 서로 좋은 영향을 주도록 격려하는 풍토가 필요합니다. 친하다는 이유로 직분자들끼리 모여서 아무렇지도 않게 음주를 즐기면서 교제 나눈다고 하는 행위는 근절되어야 할 현상입니다. 음료수를 마시면서도 굳이 건배를 한다거나 음료수를 마시고 나서 음주 후에나 할 법한 감탄사를 일부러 낸다든지 하는 행위도 가볍게 볼 일이 아닙니다. 지킬 것은 지키고 버릴 것은 과감히 버리는 결단을 보여야 하겠습니다.

삶의 모델이 되는 일로써 사회적 규범을 지키는 일은 사소한 것 같지만 매우 중요한 일입니다. 부모가 아이의 손을 잡고 길을 가다가 신호등이 빨간 불인데도 멈추는 것이 아니라 아이를 채근하며 마구 뛰어서 건너가는 경우가 있습니다. 급한 일이 있다고 하더라도 이런 경험이 쌓여서 아이들은 성인이 되어서도 아무렇지도 않게 신호를 위반합니다. 파란 불로 바뀌기까지 기다리는 사람이 고지식하고 바보같이 생각되는 세상이 되었습니다. 차를 운전하면서 차창 밖으로 쓰레기를 태연하게 버리고 가는 차를 많이 보았습니다. 그 안에 함께 타고 있던 아이는 무엇을 보고 배우겠습니까? 작은 규범을 어기면 크고 심각한 규범도 쉽게 어기는 사람으로 자라게 되는 것입니다.

또 한 가지 모델이 되기 위해 지켜야 할 것은 덕이 되지 않는 이야기는 자녀 앞에서 하지 않는 것입니다. 교회에서의 불만을 집에서 부부가 앉아서 대놓고 이야기 한다든지, 목회자나 성도의 이름을 반말로 함부로 지칭하면서 경솔하게 이야기 하는 등의 모습은 결코 좋은 모델의 모습이 아닙니다. 친하다는 이유로 성도간에 심하게 반말을 한다든지 지나친 농담을 하는 모습도 좋은 모델은 아닙니다. 저희 교회에는 '존칭어로 대화합시다, 생각나는 대로 말하지 맙시다' 라는 표어를 붙여 놓고 있는데 저는 참 의미 있는 일이라고 생각합니다.

교회나 신앙적인 면에서 부정적인 의견을 가지고 있는 부부가 대화를 할 경우엔 반드시 침실에서 두 사람만 있을 때 주의하면서 하는 것이 현명한 일입니다. 자녀들에게 미리 부정적인 이미지를 심어주거나 잘못된 정보를 줄 수도 있기 때문입니다. 그리고 그들도 자신의 마음에 안 드는 일이 있을 때 거리낌 없이 아무렇게나 불평을 늘어 놓는 습성을 가지게 될 위험도 있습니다. 아이들은 본대로 따라서 하는 성향이 강하다는 사실을 기억하시기 바랍니다.

어느 부부가 예배를 드리고 오는 차 안에서 예배와 목회자에 대한 불만을 얘기했답니다. 무슨 예배가 이렇게 길고 지루하냐, 설교는 왜 그렇게 재미 없고 졸리냐 등의 불평을 하는 모습을 본 아들이 하는 말이 "아, 그러면 천 원 내고 드린 예배가 다 그렇지 뭐…"하더랍니다. 웃어야 할 지 울어야 할 지 모르겠습니다. '출어이자 반어이자'(出於爾者 反於爾者)라고 했습니다. 온 데로 다시 돌아간다는 말입니다. 다시 한 번 기억하십시오. 자녀는 부모의 뒷모습을 보고 자랍니다.

3) Motivate (동기부여)

가족치료 분야의 선구자적 역할을 한 버지니아 사티어의 표현에 의하면 '가정은 사람을 만드는 공장과 같은 곳이고 부모는 그 가정의 건축가'라는 것입니다. 부모라는 건축가가 설계도에 따라서 어떻게 자녀를 만들어 가는지에 따라 자녀의 모습이 만들어 진다고 보는 것입니다. 그만큼 부모의 역할은 크다고 하겠습니다. 이런 부모가 자녀를 어떤 식으로 대하느냐에 따라서 자녀의 자아상이 결정됩니다. 한 사람의 자아상이란 스스로에 대해 가지고 있는 이미지를 말합니다. 자기 자신에 대한 태도 혹은 정체성이라고 할 수 있습니다.

부모의 역할 가운데 중요한 부분이 이런 자아상을 건강하고 긍정적으로 만들어 세상에서 멋지게 살아 가도록 돕는 일입니다. 그래서 부모는 자녀의 서포터가 되는 것이 중요합니다. 서포터는 관리 감독자가 아닙니다. 감시자도 아닙니다. 압제하고 통제하는 사람도 아닙니다. 그저 서포터가 되어야 합니다. 서포터는 일단 상대방을 응원합니다. 상대방을 좋아합니다. 그리고 상대방이 힘이 나도록 행동합니다. 좋은 서포터가 되려면 노력이 뒤따라야 합니다. 실력이 있어야 합니다. 그리고 좋은 서포터가 있으면 상대방은 늘 힘이 나고 도전이 두렵지 않습니다. 좋은 서포터는 동기부여에 능숙합니다. 그래서 긍정의 에너지를 만들어 줍니다.

피그말리온 효과라는 것이 있습니다. 늘 칭찬해주고 격려해주면서 힘을 북돋아 주면 기대 이상의 능력을 발휘하여 좋은 결과를 만들어내는 것을 말합니다. 어느 초등학교에서 실험을 했습니다. 아이들에게 지능검사를 한다고 설명하고 테스트를 했습니다. 그리고 무작위로 20%를 선별한 실험군 아이들에 대해서 이 아이들은 지능이 뛰어나서 학업 발달이 빠를 것이라고 선생님에게 알려주었습니다. 그리고 다른 대조군 아이들에 대해서는 아무 말도 안 했습니다. 그리고 몇 개월이 지난 후에 학업 성취도를 비교했습니다. 아무 근거 없이 두 실험군과 대조군 아이들을 비교한 것인데 놀랍게도 실험군 아이들의 성적이 뚜렷하게 향상되었다는 것입니다.

세계 최고의 영화 감독하면 스필버그 감독을 빼놓을 수가 없습니다. 쉰들러 리스트, 라이언 일병 구하기, 쥬라기 공원, 트랜스포머, 인디아나존스 등의 수 많은 히트작을 만든 영화 감독입니다. 이 스필버그 감독의 오늘이 있기까지는 어머니의 영향이 지대했습니다. 어린 시절에 스필버그 감독이 이런저런 시도를 하면서 집안을 난장판으로 만들어 놓아도 야단치거나 나무라지 않고 오히려 격려하면서 자신감을 가지도록 했다는 것입니다. 엄마의 이런 격려 덕분에 부엌을 스튜디오처럼 꾸며 놓고 영화 놀이를 하며 자랐습니다. 아들의 취미와 소질을 위해서 기꺼이 상대가 되어주고 힘이 되어 준 엄마의 영향으로 오늘날의 스필버그 감독이 있게 된 것입니다.

에디슨, 윈스턴 처칠, 아인슈타인의 공통점이 무엇일까요? 하나같이 어린 시절에는 저능하고 모자라서 주변의 따돌림을 당했던 적이 있다는 점입니다. 믿기지 않으시지요? 이런 세계적인 인물들의 어린 시절이 그렇게 엉망이었다니요. 그러나 모두 이들을 믿고 지원해준 어머니의 영향으로 이들은 오랜 세월이 지나도록 잊혀지지 않는 영원한 위인으로 세계인의 마음에 남아 있습니다. 만약 그들을 응원하고 이끌어준 어머니가 없었다면 그들의 위대함은 빛을 보지도 못하고 사라졌을지도 모릅니다.

성경에 보면 원래의 이름은 요셉이었지만 '격려의 아들'이란 뜻의 바나바로 불린 인물이 있습니다. 아마도 누군가를 격려하고 키워주며 세워주는 사람의 대명사가 바로 바나바가 아닐까 합니다. 아시다시피 바나바는 아무도 바울을 믿어주지 않고 받으려 하지 않을 때에 가장 앞장서서 믿어주고 보증했습니다. 당시 사도들이 모두 바울을 경계하고 인정하지 않았지만 바나바는 기꺼이 바울을 믿어주고 세워주었습니다. 바나바가 아니었다면 성경의 위대한 리더인 바울이 탄생하지 못했을 것입니다. 이렇게 한 사람을 믿고 이끌어 주며 키워주는 것은 엄청난 결과를 가져 옵니다.

이런 바나바가 바로 우리 부모가 되어야 할 모습입니다. 자녀의 성취에만 초점을 맞추지 말고 일단 믿어주는 것이 중요합니다. 그리고 자녀의 장점이 극대화 될 수 있도록 환경을 조성해 주는 것입니다. 자녀가 가장 신뢰하고 의지할 대상으로 부모를 선택하도록 해야 합니다. 하나님은 가정에 이런 목적으로 부모를 파견하신 것임을 잊지 말아야 합니다.

정확히 작가가 누군지는 알려지지 않았지만 참 의미 있는 시를 하나 소개합니다.

내 인생에 가을이 오면,
나는 나에게 물어 볼 이야기들이 있습니다

내 인생에 가을이 오면,
나는 나에게 사람들을 사랑했느냐고 물을 것입니다.
그때 가벼운 마음으로 말할 수 있도록
나는 지금 많은 사람들을 사랑하겠습니다.

내 인생에 가을이 오면,
나는 나에게 열심히 살았느냐고 물을 것입니다.
그때 자신 있게 말할 수 있도록
나는 지금 맞이하고 있는 하루하루를 최선을 다하며 살겠습니다.

내 인생에 가을이 오면,
나는 나에게 사람들에게 상처를 준 일이 없었느냐고 물을 것입니다
그때 자신 있게 말할 수 있도록 사람들을 상처 주는 말과 행동을
하지 말아야 하겠습니다.

내 인생에 가을이 오면,
나는 나에게 삶이 아름다웠느냐고 물을 것입니다.
그때 기쁘게 대답할 수 있도록 내 삶의 날들을
기쁨으로 아름답게 가꾸어 가야겠습니다.
내 인생에 가을이 오면,
나는 나에게 가족에게 부끄러운 일이 없었느냐고 물을 것입니다.

그때 반갑게 말할 수 있도록
지금 좋은 가족의 일원이 되도록 가족을 사랑하고 효도하겠습니다.

내 인생에 가을이 오면,
나는 나에게 이웃과 사회와 국가를 위해 무엇을 했느냐고 물을 것입니다.
나는 그때 힘주어 대답하기 위해,
지금 이웃에 관심을 가지고 좋은 사회인으로 살아야겠습니다.

내 인생에 가을이 오면,
나는 나에게 어떤 열매를 얼마만큼 맺었느냐고 물을 것입니다.
내 마음 밭에 좋은 생각의 씨를 뿌려
좋은 말과 좋은 행동의 열매를 부지런히 키워야 하겠습니다.

우리의 인생에도 언젠가는 가을이 올 것입니다. 어쩌면 이미 왔는지도 모릅니다. 그 때에 과연 부모로서 자녀를 어떤 마음으로 바라보시겠습니까? 여전히 너희는 내 것이라고 주장하시며 욕심을 부리겠습니까? 아니면 흐뭇한 마음으로 마음껏 축복하며 미련 없이 떠나 보내시겠습니까? 부모가 어떤 동기부여를 해서 자녀를 양육했는가에 따라 그 가정의 모습은 달라질 것입니다. 그 자녀의 미래도 달라질 것입니다. 이 땅의 모든 부모들이 나인홀드 니이버의 기도처럼 어찌할 수 없는 것은 받아들이고 어찌할 수 있는 것은 변화시키며 이 둘을 구별할 수 있는 지혜를 구하는 현명한 동기부여가가 되시길 기원합니다.

도로시 로 놀테의 '아이들은 생활 속에서 배운다' 라는 시의 내용은 이미 세계적으로 널리 알려지면서 말 그대로 자녀 교육의 바이블로 인식되어 왔습니다. 여기에 다시 소개합니다. 한번 마음에 새겨보심이 어떠신지요.

꾸지람 받으며 자란 아이들은 비난 받는 것을 배우고
미움 받으며 자란 아이들은 싸움을 배우고
두려움 속에 자란 아이들은 근심을 배우고

동정 받으며 자란 아이들은 자기 연민을 배우고
놀림 받으며 자란 아이들은 수줍음을 배우고
질투 받으며 자란 아이들은 시기심을 배우고
부끄러워하며 자란 아이들은 죄책감을 배우고

칭찬받으며 자란 아이들은 자신감을 배우고
너그러움 속에 자란 아이들은 인내심을 배우고
격려 받으며 자란 아이들은 고마워하는 것을 배우고

사랑 받으며 자란 아이들은 사랑을 배우고
관심 속에 자란 아이들은 자긍심을 배우고
인정받으며 자란 아이들은 목표 세우는 것을 배우고

함께 나누며 자란 아이들은 관대함을 배우고
정직함 속에 자란 아이들은 진실된 삶을 배우고
공정한 대우를 받으며 자란 아이들은 정의를 배우고

친절함 속에 자란 아이들은 남을 존중하는 법을 배우고
평안함 속에 자란 아이들은 사람에 대한 믿음을 배우고
다정함 속에 자란 아이들은 세상이 살기 좋은 곳임을 배운다.

5 덕승재(德勝才)의 성품 교육

한 번쯤은 들어 보았음직한 유머 한 토막입니다. 우리나라 부모들은 자녀의 연령대에 따라서 우유의 선택이 달라진다고 합니다. 처음에 아이를 낳으면 천재 과학자를 기대하며 아인슈타인 우유를 먹인답니다. 그리고 조금 자라면서 파스퇴르 우유로 바꿉니다. 아이가 학교에 입학하면서 세계적인 과학자는 아니더라도 서울우유 정도는 먹어줘야 된다고 생각합니다. 중학교에 진학하면 조금 냉정하게 판단하여 연세우유로 다시 바꿉니다. 고등학교에 진학해서 완전히 현실에 눈을 뜨게 되면 건국우유로 궤도 수정을 합니다. 마침내 수능을 마치고 나면 이제는 저지방 우유를 선택한다고 합니다.

자녀가 잘 되기를 바라지 않는 부모는 어디에도 없습니다. 어느 부모라도 자녀에게 거는 기대는 큽니다. 그런데 이렇게 자녀에 대한 기대가 클수록 갈등이 생기고 마찰은 쉴 새가 없습니다. 자녀에 대한 기대의 기준이 대개는 성적이나 진학 문제에 초점이 맞춰지고 있기 때문에 자녀는 자녀대로 스트레스가 쌓이고 부모는 부모대로 실망과 한숨이 나오게 되는 것입니다. 세계적으로도 유난히 교육열이 높은 우리나라의 현실 속에서 부모 자녀 모두가 지치고 힘들게 살고 있습니다.

무엇 때문에 교육열이 높은 것일까요? 너도나도 몰리는 교육의 과열 현상으로 인해서 생기는 부작용과 잃는 것에 대해서는 어떻게 생각하시는지요? 어쨌든 일단 좋은 대학에 들어가고 나면 모든 것이 해결되고 보상 받을 것이라는 막연하고 위험한 발상을 갖고 있는 한 우리의 가정은 날로 피폐해 갈 것입니다. 그리고 아이들의 찌들린 인성과 소중한 인생의 시기는 학벌과 성적에 눌려서 빛을 잃고 말 것입니다. 정작 배우고 갖춰야 할 더불어 사는 아름다운 삶의 원리는 어디서도 배우지 못한 채 경쟁하고 이기고 움켜쥐는 삶의 목표만 직시하게 될 것입니다.

최근 국회의 자료를 보면 2012년 한해 동안 자살한 초중고 학생이 모두 139명인 것으로 나타났습니다. 이들의 자살 원인 가운데 가장 큰 비중을 차지한 것이 바로 가정 불화 때문인 것을 알 수 있습니다. 해마다 매달 10명 이상의 학생들이 자살을 합니다. 아직 미처 세상을 제대로 살아보지도 못한 이들이 왜 스스로 목숨을 끊는 안타까운 일들이 반복되고 있을까요? 여기에 우리 부모들의 책임은 없다고 할 수 있을까요? 소득 2만 불이 넘는 경제 발전을 이룩한 한국 사회 4대악으로 학교 폭력과 가정 폭력이 포함되어 있다는 사실은 무엇을 말해주고 있습니까? 과연 우리 부모들은 오로지 자녀의 학력만을 키워주면 되는 것일까요?

부모의 역할로서 자녀의 역량을 키워주는 것도 중요한 하나의 축일 것입니다. 하지만, 그보다 앞서 자녀의 인성을 바르게 키워주는 더 중요한 또 하나의 축을 잊으면 안 됩니다. 인성이 없는 역량은 자신과 타인에게 위험하고 치명적인 무기가 될 수 있습니다. 부모의 바람직한 리더십은 자녀를 사회에 유익하고 보탬이 되는 건강한 인격체로 양육하여 타인과 더불어 더 나은 세상을 만드는데 힘을 모을 수 있도록 만드는 데 있습니다. 나 혼자 성취하고 움켜쥐면서 5천 명 분을 먹는 사람을 만드는 것이 아니고, 5천 명이 함께 먹을 수 있도록 기여하는 사람을 만드는 것이 좋은 부모의 할 일인 것입니다.

직장에서도 실력은 뛰어난데 성품이 못된 사람이 있습니다. 인격적으로 존중하기 싫은 사람이 있습니다. 그런 사람은 아무리 가진 실력이 뛰어나도 결코 조직에서 오래 가지 못합니다. 주위에 따르는 사람이 없는 사람은 결코 리더가 될 수 없습니다. 앞에서는 지위에 눌려서 따르는 척 하지만 진심으로 따르는 사람을 만들지 못하면 리더십을 발휘할 수 없습니다. 그래서 리더가 되기 위해서는 실력도 필요하지만 먼저 성품을 갖춰야 합니다. 우리 자녀들에게도 이것을 가르치는 부모가 되어야 합니다. 아무리 학교 성적도 중요하고 입시도 중요하지만 성품을 놓치고 실력만을 갖추게 해서는 안 됩니다.

자녀의 성품을 반듯하게 만드는 것은 부모의 가장 중요한 역할이자 의무입니다. 여기에는 부모의 가치관과 결단이 필요합니다. 말은 좋은데 다른 집 아이들은 공부에 올인 하는데 우리 집 아이만 성품 운운하면서 키울 여유가 없다고 생각하는 초조함을 버려야 합니다. 그리고 인격적인 성숙함을 최우선의 가치로 삼는 부모의 단호함이 있어야 합니다. 자녀가 어릴수록 단호하게 인격을 갖추도록 가르치고 양육해야 합니다. 어리다고 무엇이든 좋게 넘기고, 싫은 소리 하지 못하고 자녀의 비위만 맞춘다고 좋은 부모가 아닙니다. 앞에서 말씀 드린 대로 어릴 때에 오히려 엄격하게 키우고 나이를 먹을수록 부드럽고 여유 있게 키우는 것이 옳은 방법입니다.

자녀의 기를 죽여서는 안 되겠지만 나쁜 습관의 싹은 어려서부터 제재해야 합니다. 요한 웨슬리의 어머니 수산나의 교육 철학처럼 악한 기운은 어려서 없애줘야 합니다. 많은 위인들의 가정 교육 철학을 보면 공통적으로 단호한 원칙을 바탕으로 일관되게 양육하는 모습을 보게 됩니다. 극동방송을 이끌고 있는 김장환 목사님의 자녀 양육 사례는 유명합니다. 자녀가 어릴 때 김 목사님은 매를 들어야 하는 일이 생기면 허리띠를 가지고 매를 들었답니다. 지금은 장성하여 훌륭한 목회자가 된 아들들의 증언에 의하면 그 때는 그렇게 무섭고 두렵기도 했지만 훈계에 대한 아버지의 단호한 원칙을 알게 되면서 잘못된 행동을 교정하게 되었고 삐뚤어 지거나 반항심이 생기거나 하지는 않았다고 합니다.

매를 들지라도 원칙을 가지고 일관되게 든다면 아이도 거부하지 못합니다. 인품에 관한 원칙을 가지고 양육하는 부모의 기준을 이해하게 되면서 자녀의 성숙은 이뤄지는 것입니다. 무조건적인 사랑이라고 해서 뭐든지 허용하라는 것이 아님을 인식해야 합니다. 자녀의 능력과 조건에 따라서 사랑하는 것은 나쁜 것입니다. 자녀는 자녀이기 때문에 그 자체로 사랑해야 합니다. 다른 조건을 붙여서 사랑하면 안 됩니다. 이것이 무조건적인 사랑의 의미입니다. 하지만 사랑한다고 훈계를 멈출 수는 없습니다. 사랑과 훈계는 별개의 문제입니다.

여섯 남매를 모두 하버드대와 예일대에 보내어 한국인 최초의 예일대 석좌교수, 오바마 행정부 차관보 등을 길러낸 전혜성 박사의 자녀 양육 철학은 덕승재(德勝才)입니다. 아무리 재능이 있어도 덕이 없으면 안 된다는 말입니다. 재능이 덕을 이길 수가 없다는 것이지요. 전혜성 박사 자신부터 어려서 어머니에게 이런 교육을 받고 자랐습니다. 지금과는 비교할 수도 없을 만큼 해외 유학이 힘들고 귀했던 1940년대 말에 전액 장학금을 받고 미국 유학을 떠날 정도로 수재였던 전 박사는 어려서 '1등 했다고 자랑하지 마라, 2등한 아이가 서운해 한단다' 라는 어머니의 말씀을 가슴에 간직하고 살았답니다. 그리고 자신의 자녀 교육에 덕승재 정신을 도입한 것입니다. 그 덕에 전 박사의 자녀들은 모두 지위나 명예에 있어서 부러울 위치에 있지만 돈 벌이가 되는 연구가 아니라 사람에게 이롭고 가난한 사람을 돕는 일에 초점을 맞춘 삶을 살게 되었습니다.

우리는 든 사람, 난 사람, 된 사람에 대해 잘 알고 있습니다. 그런데 현실은 난 사람이 되기만을 지나치게 강조합니다. 난 사람만 된다면 나머지는 저절로 해결된다는 식입니다. 그래서 부모의 우선 순위는 항상 난 사람 되기에 있습니다. 시험과 공부에 영향을 준다면 교회 활동이나 예배도 빼먹게 합니다. 학업 성적이 좋은 아이는 못된 짓을 해도 쉽게 넘어갑니다. 친구나 어른에게 심하게 굴고 못되게 굴어도 성적이 좋다는 이유 하나로 모든 것이 용서가 되는 가정에서 어떻게 배려와 섬김의 인품을 가진 자녀가 나오겠습니까? 이 세상은 결코 실력만으로 통하지 않는다는 사실을 우리 부모들이 너무 안이하게 생각하고 있습니다. 요즘처럼 실력 있는 경쟁자들이 너무나도 많이 쏟아지고 있는 시대라면 더욱더 인품이 정답입니다. 웬만해서는 실력만으로는 튀기도 힘든 이 시대에 오히려 인품을 통하여 주목을 받을 수 있도록 자녀를 키우는 것이 현명한 일입니다.

자녀의 인격적인 성숙을 위해 가르쳐야 할 요소로는 먼저 책임감이 있습니다. 책임감 있는 인격체로 양육하는 것이 중요합니다. 책임감이란 해야 하는 일은 힘들어도 할 수 있게 만드는 것입니다. 그리고 해야 할 일과 하지 말아야 할 일을 구분하여 실천할 수 있게 만드는 것입니다. 책임감을 갖도록 가르치는 것은 삶을 가르치는 것입니다. 나이를 먹으면서 성장함에 따라 책임감의 크기도 커진다는 것을 알게 만드는 것입니다. 자녀가 책임감 없이 자라도록 놔둔다면 그 아이는 사회적으로 융화하여 자신의 삶을 만들어 가지 못할 것입니다. 책임감, responsibility. 이 단어는 response와 ability로 이루어졌습니다. 즉, 어떤 일에 반응할 수 있는 능력이 책임감입니다. 우리 자녀들이 삶을 살면서 부딪히는 많은 일들에 대해 제대로 반응할 수 있는 능력과 태도를 심어주는 것이 책임감을 키워주는 부모의 역할입니다.

　　갈라디아서 6장 5절에는 '각각 자기의 짐을 질 것이라'고 했습니다. 이것은 마땅히 자신이 책임져야 하는 일상의 짐(loads)을 의미합니다. 바로 앞의 2절에 나오는 '너희가 짐을 서로 지라'의 짐(burdens)과는 성격이 다른 것입니다. 2절에서 나누어 지라는 짐은 인생의 무거운 짐, 우리의 삶을 압도하는 거대한 짐을 말합니다. 그래서 나누어 지라는 것입니다. 하지만 5절의 각각 짊어질 짐이란 개인의 영역에 해당하는 자신만의 고유한 짐을 말합니다. 맡겨진 일을 한다든지, 학생이 학교에 간다든지, 자신이 담당한 일을 하는 것을 말합니다. 바로 이런 개인의 책임하에 있는 짐을 지도록 가르치는 것이 책임감 있는 자녀로 양육하는 것입니다.

자녀가 스스로의 짐을 기꺼이 져야 함을 인정하고 짐을 지도록 하면서도 부모는 자녀의 보호막 역할을 소홀히 해서는 안됩니다. 자녀가 힘들어 하거나 위기 상황에 놓였을 때 언제든지 찾아와서 호소하고 의지할 수 있는 버팀목이 되어야 합니다. 그것이 가정인 것입니다. 이런 균형 속에서 자녀가 스스로의 짐을 질 수 있게 되며 인생의 책임감을 알아 가는 것입니다.

자신의 선택에는 반드시 책임이 따라야 한다는 것을 알게 해야 합니다. 건강한 시민의식은 자신의 선택에 책임을 지는 것입니다. 선택에 따르는 책임감과 결과에 대한 승복을 가르쳐야 함부로 선택하거나 행동하지 않게 됩니다. 때로는 힘이 들더라도 선택하고 책임을 져야 한다는 것을 가르치십시오. 조금 힘은 들겠지만 전혀 불가능한 것이 아니라고 격려해 주십시오. 그리고 체험하고 깨닫게 해주십시오. 우리의 자녀들은 생각보다 잘 해낼 것입니다.

이 시대의 중요한 또 하나의 성품으로 배려의 덕목을 들 수 있겠습니다. 배려란 '나와 다른 사람 그리고 환경에 대하여 사랑과 관심을 갖고 잘 관찰하여 보살펴 주는 것'이라고 좋은 나무 성품학교의 이영숙 박사는 말하고 있습니다. 21세기는 융합의 시대입니다. 학문도 이제는 독립되어 따로 존재하지 못합니다. 서로 융합하여 새로운 가치를 만들어 내는 소위 시너지 효과를 만드는 시대입니다. 철학과 공학이 만납니다. 인문학이 연구 개발 분야와 만납니다 그래서 전혀 새로운 가치를 만들어 냅니다. 삼성전자에서는 최근 인문학 전공자를 연구개발 부문에 신규 선발하여 배치했습니다. 과거에는 당연히 공학 등의 전공자를 배치하던 부문인데 인문학 전공자를 배치한 것도 융합의 시너지를 기대한 것입니다.

기업 세계에서도 과거의 경쟁사가 오늘의 협력사가 되어 서로의 생존에 도움을 주는 일이 현실입니다. 나 혼자 잘 났다고 따로 떨어져서는 살 수가 없는 시대입니다. 그런 시대를 살아갈 우리 자녀들을 배려의 성품을 갖추도록 키우는 것은 어쩌면 당연한 일인 것입니다. 기업에서도 팀워크가 성공의 핵심 요소입니다. 신입 사원을 뽑을 때에도 능력 이면에 남들과 융합하는 팀워크 능력과 자세가 어떤지를 면밀하게 살핍니다. 결국 배려의 성품을 가진 사람이 눈에 띄게 마련입니다. 조직에서 리더가 배려의 성품을 갖추지 못하면 그 밑의 구성원들이 배겨나질 못합니다. 유독 누구 밑으로만 배치되면 구성원들이 타 부서로 보내달라고 아우성이거나 이직을 한다면 그 리더의 성품에 배려가 없어서인 경우가 많습니다.

배려의 성품을 가르치기 위해서는 다른 사람을 차별하지 않도록 가르치는 것이 가장 중요합니다. 이 세상에는 나와 다른 많은 사람들이 살고 있음을 인지시키는 것입니다. 특히, 요즘과 같은 글로벌 시대를 살면서 나와 다르다는 이유로 차별을 한다는 것은 치명적인 결과를 초래한다는 것을 알게 해야 합니다. 학교 폭력과 왕따 문제도 배려의 성품을 가지면 방지할 수 있습니다. 그리고 다른 사람을 공감할 수 있는 마음을 가지도록 이끌어 주십시오. 그 사람의 입장에서 보면 충분히 그럴 수도 있다는 깨달음을 주십시오. 공감이 소통이고 소통이 곧 관계인 것입니다. 행복한 삶을 만드는 자녀를 원하신다면 이런 공감의 마음을 가지도록 하십시오. 그리고 무엇보다 그런 삶을 사는 부모의 모습을 보여 주십시오. 그것이 최고의 가르침입니다.

제3장
How

어떻게, 실천할 것인가?

1 부부의 바로서기

1) 가정의 중심은 부부

하나님은 인간에게 두 개의 안식처를 주셨습니다. 하나는 가정이고 다른 하나는 교회입니다. 가정과 교회는 생육하고 번성하라는 하나님의 축복의 의도아래 동일한 사명을 가졌다고 할 수 있습니다. 그래서 가정과 교회는 둘이면서 하나입니다. 따라서 가정을 건강하게 지키는 것은 곧 교회를 지키는 것이 되는 것입니다. 그러므로 우리는 단순히 성인 남녀가 의기 투합해서 결혼이라는 의식을 거쳐 가정을 만들었다고 생각해서는 안됩니다. 거기에는 하나님의 섭리가 있는 것입니다. 이런 면에서 가정을 이룬다는 것은 가정을 소중히 지켜나가야 한다는 거룩한 사명 의식을 가져야 하는 것입니다.

자동차의 왕이라고 불리는 헨리 포드가 은퇴하고 어느 파티에 참석했을 때 어떤 사람이 질문을 했답니다. 일생의 많은 성공 가운데 가장 중요한 성공은 무엇이냐고 말입니다. 그 때 헨리는 자신의 가정이 가장 중요한 성공이었다고 대답했습니다. 그 어떤 사업적인 성취보다도 더 가치 있었던 것은 가정을 잘 가꾼 것이었다는 것입니다. 디트로이트에 있는 헨리 포드의 기념관에 가면 '헨리는 꿈을 꾸는 사람이었고, 그의 아내는 기도하는 사람이었다'는 글귀가 있다고 합니다. 이런 가정보다 더 성공적인 가정은 없을 것입니다. 부시 전 미국 대통령의 아내인 바버라 부시 여사는 어느 대학교의 졸업식 축사에서 '우리 사회의 성공 여부는 백악관이 아니라 여러분의 가정에 달려 있습니다' 라고 말했답니다. 가정의 위대함을 역설한 것입니다.

그런데 오늘날 가정의 붕괴 현상이 심각합니다. 이혼과 폭력에 얼룩진 현대의 가정이 늘어나고 있습니다. 너무나 쉽게 만났다 헤어집니다. 이제 더 늦기 전에 가정의 본질을 회복하고 자녀들에게 좋은 모범이 되는 가정의 모습을 유산으로 남겨야 합니다. 그런 부부가 많아져야 이 사회도 건강해 집니다. 사회를 구성하는 가장 기초적인 단위 공동체인 가정이 오염되고 쓰러지니까 사회도 갈수록 오염되고 병이 드는 것입니다. 가정에서부터 정화 운동이 시작되어야 합니다. 그러기 위해서는 부부가 바로 서야 합니다. 부부는 가정의 기둥이자 중심입니다.

여러분의 가정은 누가 중심입니까? 많은 가정에서 서열 1위를 꼽으라면 자녀들이 될 가능성이 높습니다. 한국의 가정에서 자녀들은 가히 절대적인 지위를 가지고 있습니다. 아니, 그런 지위를 부모가 부여하고 있습니다. 자녀 교육을 위해서라면 기러기 부부도 마다하지 않습니다. 어떤 희생도 기꺼이 감내합니다. 우스개 소리로 오늘날 한국 가정에서는 애완견이 아빠의 서열보다 위에 있다고 합니다. 그래서 이사할 때는 반드시 애완견을 안고 있어야 그 가정의 아빠를 떼어 놓지 않고 데려 간다고 합니다. 언제부터 인간과 함께 사는 '반려 동물' 이 이제는 인생의 '반려자' 보다도 우위에 있게 된 것인지 정말 모를 일입니다. 개와 남편이 동시에 사라졌다면 과연 가족들은 누구를 먼저 찾으려

할지 솔직히 궁금합니다. 이쯤 되면 개의 지위가 높아진 것인지 남편의 지위가 개만도 못하게 낮아진 것인지 헷갈립니다. 일찌기 일본에서도 남편들을 비유하는 표현으로 '젖은 낙엽족'이라는 신조어가 생겼습니다. 비 온 다음날 길 바닥의 젖은 낙엽처럼 찰싹 달라 붙어서 떨어지지 않는 모습을 비유한 것입니다.

한국의 가정 가운데 이상한 현상을 보이는 가정이 있습니다. 분명히 그 가정의 중심은 부부가 아니라 자녀인 경우입니다. 부모가 아이들에게 이랬어요, 저랬어요 하면서 존댓말을 합니다. 물론 그 부모의 의도는 아이들에게 어려서부터 존댓말을 가르치려는 것이겠지요. 하지만 가만히 지켜보자면 이상한 점이 있습니다. 아무리 그 부모가 존댓말을 해도 정작 존댓말을 배워야 하는 그 아이들은 반말을 합니다. 그래도 그 부모는 열심히 존댓말로 아이들을 대합니다. 누가 존댓말을 배우고 있는 것인지 모를 지경입니다. 아이가 존댓말을 하지 않으면 다시금 존댓말로 대답하도록 반복해서 가르쳐야지 교육이 되는 것인데 그저 언젠가는 따라서 하겠지 하는 마음인지 부모들만 열심입니다.

결혼을 하고 일상적인 부부로 살다가도 일단 아이를 낳기만 하면 온통 집안 일이 자녀 중심으로 돌아가는 경우를 많이 봅니다. 적어도 학교에 입학하기 전까지는 온통 아이를 끼고 삽니다. 그러니 교회의 소그룹 활동조차 제대로 참여하지 못하게 됩니다. 아마도 각 교회마다 안고 있는 고민 가운데 하나는 어린 자녀를 둔 부모들의 교회 활동 참여도일 것입니다. 어느 교회를 보아도 예외 없이 자녀가 어리다는 이유로 아이가 좀 더 클 때까지 모든 활동에서 뒤로 물러납니다. 그런데 이것이 습관이 되어 정작 아이가 크더라도 그런 부모들은 교회 활동에 전처럼 열심을 내지 못합니다. 한번 쉬게 되면서 정작 자신의 신앙의 열심 마저 까먹기 때문입니다.

신앙의 건강한 모습을 유지하려면 적어도 세 가지를 잘해야 합니다. 바로 **'주십소'** 의 실천입니다. 무엇인가를 주십사 하고 달라는 것이 아닙니다. **주일 성수, 십일조 생활**, 그리고 **소그룹 활동**의 첫 글자를 딴 것입니다. 이 세 가지를 잘 실천해야 건강한 신앙을 지켜낼 수 있습니다. 그런데 자녀가 중심이 되는 가정은 이것을 할 수 없게 되는 것입니다. 명심해야 할 것은 올바른 우선순위입니다. 부모 리더십을 갖춘 가정이라면 부모 이전에 부부임을 먼저 알아야 합니다. 아이를 낳았다고 아빠와 엄마 역할에만 우선순위를 두어서는 안 됩니다. 여전히 남편과 아내의 역할이 우선되어야 합니다. 하나님을 가정의 머리로 두고, 그 다음으로 부부가 중심이 되며, 그 다음에 자녀가 있는 것이 온전한 가정의 질서입니다.

한때 이름을 날리던 유명 개그맨이 17년 째 기러기 아빠로 살고 있는 근황이 최근 방송으로 알려졌습니다. 12년간 지하 단칸 방에서 살면서 라면으로 끼니를 때우고, 햇볕 있는 집에서 살고 싶은 소망을 이야기 하는 그 분의 눈시울은 금새 촉촉해졌습니다. 하긴 기러기 아빠의 70% 이상이 영양 실조 상태라는 보도도 보았습니다. 그나마 미국 방문 비용이 아까워서 자주 가지도 못하고 송금만 해 주었는데, 오랜만에 만난 딸이 어색하다며 아빠를 피하는 모습에서 가슴이 아팠다며 조용필의 노래 가운데 '아, 웃고 있어도 눈물이 난다' 라는 가사가 생각난다는 부분에서는 저도 가슴이 찡했습니다.

그래도 이 분은 열심히 살려고 애쓰고 있으니 다행입니다. 기러기 아빠 가운데 우울증에 시달리다 자살을 하는 경우도 종종 있습니다. 오래 떨어져 살다 보니 부부간의 문제가 생겨 이혼으로 치닫는 일도 적지 않습니다. 남편은 남편대로 외로움에 술 친구를 돈 주고 사는 이른바 '대화녀'가 등장하는 상황이고, 아내는 아내대로 힘들고 외로워서 현지의 남성들과 가깝게 지내다 결국 파경을 맞기도 합니다. 위싱턴 포스트지에서는 한국에서만 볼 수 있는 독특한 기러기 가족의 실태를 보도하기도 했습니다. 부부보다 자녀가 최우선인 이상한 나라, 한국.

이것은 하나님의 가정에 대한 의도를 제대로 파악하지 못했다고 할 수 있습니다. 가정은 인간 생활의 중심입니다. 그리고 그 가정의 중심축은 부부가 되어야 합니다. 하나님은 부부에게 가정을 다스릴 권위를 허락하셨습니다. 자녀는 마땅히 그 권위에 순종하도록 하였습니다. 에베소서 6장 1절에는 '자녀들아 주 안에서 너희 부모에게 순종하라 이것이 옳으니라'고 했습니다. 그리고 이어서 2절에서는 '네 아버지와 어머니를 공경하라 이것은 약속이 있는 첫 계명이니'라고 했습니다. 그러니까 자녀들은 어려서는 부모에게 순종하고 장성해서는 부모를 공경해야 한다는 말씀입니다. 이것이 하나님이 주신 가정의 기본적인 규범입니다.

여러분의 가정은 어떤 구조로 되어 있습니까? 자녀-반려견-아내-남편의 순서입니까? 이제 올바로 알아야 합니다. 우리 가정의 구성은 하나님-부부-자녀가 되어야 합니다. 여호수아 24장에서 '오직 나와 내 집은 여호와를 섬기겠노라'고 여호수아가 고백했듯이 우리 가정의 최우선은 하나님이어야 합니다. 그 다음은 자녀가 아니라 부부가 되어야 합니다. 어떤 일을 하든지 우선순위를 잘못 놓게 되면 일을 그르치게 됩니다. 아무리 빨리 일처리를 한다고 해도 방향이 잘못되면 말짱 헛된 일이 될 뿐입니다. 언제나 방향이 올바른지 점검하는 것이 중요합니다.

가정에서 부부가 우선이 되도록 무게 중심을 잡으려면 부부 상호간의 호흡이 중요합니다. 아내는 불철주야 자녀 생각뿐인데 남편 혼자서 부부 중심의 가정을 만들겠다고 한다면 부부간의 불화는 불을 보듯 뻔합니다. 부부 모두가 가정의 중심 잡기에 동의하고 합의하는 과정이 필요합니다. 특히, 아내가 남편을 세워주고 인정해 주는 것이 중요합니다. 제가 남편 입장이라서 한 쪽으로 치우치는 것이 아닙니다. 아내가 자녀 앞에서 남편의 권위를 세워주는 가정은 부부 중심의 안정적인 가정이 될 가능성이 매우 높습니다. 일부러라도 자녀 앞에서 남편을 인정해주시고 우선 순위를 앞세우는 모습을 보여주십시오. 자녀들은 자연스럽게 가정의 우선순위를 인식하게 될 것입니다. 혹시라도 남편의 예쁜 구석이 한 곳이라도 있어야지 세워줄 것이 아니냐고 한탄할 분도 있겠으나, 그래도 찾아보시고 세워주는 것이 현명한 아내의 모습입니다.

절대로 자녀 앞에서 남편을 깎아 내리지 마시기 바랍니다. 아내가 남편에게 말 끝마다 토를 달고 비아냥대듯이 당신이나 잘하라는 투로 말을 받으면 그 악영향은 자녀에게로 갑니다. 심지어 자녀를 붙들고 남편 성토 대회를 하는 아내도 있습니다. 밥 먹는 남편의 뒤통수만 봐도 화가 치민다느니, 애꿎은 남편 구두를 툭툭 차거나 밟아본다든지 하는 행동은 결코 좋지 않습니다. 결정적인 순간에 아내에게로 화살이 돌아

오게 되어 있습니다. 자녀는 부모가 하는 대로 따라서 배우게 되어 있습니다. 자녀가 결혼을 한 후에 그들의 부부 생활에도 그대로 영향을 미칩니다. 그래서 며느리나 사윗감을 보면 그 부모를 알 수 있다고 하는 것입니다.

부부가 중심이 된 가정의 특징은 부부가 서로 존중한다는 것입니다. 어떤 가정을 가보면 부부가 서로 비난하고 무시하는 모습을 보게 됩니다. 남편은 아내를 사사건건 무식하다거나 못마땅하다고 무시하는 말을 스스럼 없이 합니다. 당신이 뭐를 알기나 하느냐고 모든 의견에 면박을 줍니다. 보는 사람이 민망할 정도로 거침 없이 대하는 모습을 보게 되기도 합니다. 아내는 남편의 단점을 들먹이며 무슨 남자가 이것도 못하느냐고 핀잔을 줍니다. 자녀의 기를 살리기 위해 그렇게도 과잉 보호를 하는 아내가 어쩌면 남편의 기는 사정 없이 꺾어 놓습니다. 이런 가정은 부부가 중심이 되는 가정이 될 수 없습니다.

남편이 퇴근하고 들어올 때의 모습을 보면 그 가정의 우선 순위를 알 수 있습니다. 아내가 아이들을 부르면서 인사시키며 맞이하는 가정은 분명히 남편의 권위가 살아 있는 가정입니다. 이런 가정의 남편은 퇴근하면 곧장 집으로 가고 싶은 마음이 들게 되어 일찍 들어갑니다. 그런데, 남편이 들어오는데도 제대로 눈길도 안주고 드라마에 눈이 꽂혀서 건성으로 맞이한다거나 심지어 시큰둥하여 왔냐는 식으로 대한다면 그 자녀들도 아빠를 대하는 태도는 보나마나 입니다. 이런 남편은 퇴근해도 집이 싫습니다. 어디 다른 데 들렀다 갈 건수가 없을까 궁리합니다. 우리나라는 참 특이해서 지하 세계에 가면 이런 처지의 남편들을 왕처럼 대해주는 곳이 지나치게 많이 있습니다. 그러니 심야에도 불야성을 이루는 유흥 업소가 그렇게도 즐비한 것입니다.

가정의 중심을 부부로 만들기 위해서는 부부 상호간의 협력과 존중이 필수적입니다. 이것은 가정의 본질을 회복하는 중요한 일입니다. 자녀 교육에 열을 올리면서 정작 중요한 부분을 놓치는 우를 범하지 않기를 바랍니다. 사소한 일이 쌓여서 큰 일을 만드는 법입니다. 자녀가 잘 되고 가정이 행복해 지려면 먼저 부부가 서로를 세워주고 반드시 부부 중심으로 가정을 이끌어 가기 바랍니다. 자녀에게도 가정의 중심은 엄연히 부부라는 것을 가르쳐야 합니다. 기억하십시오. 바람직한 부모의 역할은 언제까지나 자녀를 품에 안고 주인행세를 하는 것이 아닙니다. 건강한 사회인으로 양육하여 하나님의 인도하심을 따라서 기쁘게 떠나 보내는 것입니다. 건강한 가정을 만드는 부모 리더십의 가장 든든한 기초는 자녀가 아니라 부부가 중심이 되는 것입니다. 시부모나 처가 부모도 아닙니다. 그 가정의 부부가 중심이 되어야 합니다.

저도 신혼 초에는 이런 원리를 몰랐습니다. 부모님을 모시고 살기 시작한 신혼 초에 저는 퇴근하면 어머니 방으로 가서 9시 뉴스까지 보고 나서 제 방으로 건너왔습니다. 그때까지 아내는 혼자 있기 일쑤였습니다. 시어머니가 어색하고 어려운 상황이라 아내는 다른 일을 하는 것처럼 하면서 혼자 방에 남아 있고 저는 어머니와 함께 TV를 시청하면서 시간을 함께 했던 것입니다. 아들 하나 있는 거 결혼하더니 제 아내만 찾는다고 서운해 하실까 염려도 되었고, 갑자기 가족 구성이 달라진 상황에서 어머니 심기를 불편하게 만들면 오히려 아내에게 불똥이 튈까 염려가 된 것이었습니다. 그런데 그것이 잘못된 것이었습니다. 아내는 20년이 지난 지금도 그 일을 이야기 합니다. 세상에 신혼 초에 남편이 자기 엄마와 9시 뉴스까지 보면서 아내를 혼자 놔두었다고 말입니다. 제가 결혼을 하고도 가정의 중심이 부부가 되어야 한다는 사실을 몰랐던 까닭입니다. 여전히 결혼 전과 동일하게 부모님을 중심으로 여겼기 때문입니다. 그래서 효자는 좋은 남편이 되기는 힘들다고 합니다.

'그러므로 남자가 부모를 떠나 그의 아내와 합하여 둘이 한 몸을 이룰지니라'고 창세기 2장 24절에서 말씀합니다. 결혼은 부모를 떠나서 부부가 한 몸을 이루는 것입니다. 물리적인 떠남이 아니라 정신적인 떠남이 있어야 합니다. 그리고 부모는 자녀를 떠나 보내야 합니다. 한국의 고부 갈등의 대표적인 원인은 바로 떠나 보내지 않기 때문입니다. 결혼한 아들네 가정 일에 시부모가 여전히 권한을 행사하려고 합니다. 심지어 아침마다 전화를 해서 밥은 챙겨 먹었는지, 아들의 식성에 맞게 음식은 장만하는지, 그리고 손주를 보면 손주 교육 방식까지 참견을 합니다. 시집간 딸이 친정에 와서 시어머니의 참견을 불평하면 친정 엄마는 딸을 역성들면서 같이 그 시어머니 흉을 봅니다. 그런데 정작 본인의 며느리에게는 똑같이 참견하고 지시하려고 합니다. 이러니 고부 갈등이 생기는 것입니다. 내가 하면 로맨스고 남이 하면 불륜이라더니 꼭 그 모습입니다.

아들만 둘인 저희 부부는 지금부터 아이들에게 떠나 보낼 준비를 하고 있습니다. 결혼하면 떠나는 것이 당연하다는 것을 가르치고 있습니다. 그래서 스스로 독립하고 자립할 준비를 하라고 알려 줍니다. 경제적 지원도 기대하지 말고 미리 준비하라고 일러둡니다. 그러기에 준비되기 전에는 사랑하는 사람이 생겼다고 무조건 결혼부터 하겠다고 해서는 안 되는 것과 능력과 시기가 준비되어야 결혼이 가능한 것임을 가르치고 있습니다. 그리고 자녀 교육에 들어가는 비용도 조절해 가면서 우리 부부의 노후 준비 자금도 마련하고 있습니다. 사실 요즘과 같은 세상에서 부부가 노년에 자녀 의지하지 않고 독립적으로 살아가는 것만해도 큰 도움이 됩니다. 자녀 키우는 데 온통 재정적인 부분을 쏟아 부어 놓고 노년에 자녀에게 의지하지 않으면 살아갈 수 없게 되는 것은 커다란 문제가 됩니다. 결코 자녀에게도 유익하지 않습니다. 지금 현명하게 정신적으로나 경제적으로 떠나 보낼 준비를 하는 것은 야박한 것이 아니라 바람직한 부부의 모습입니다.

2) 행복한 부부 되기

　김광석이라는 가수의 노래 가운데 '어느 60대 노부부 이야기' 라는 곡이 있습니다. 실제로 들어보시면 더 느낌이 애틋할 것입니다만 우선 가사 먼저 음미해 보십시오. 아마도 부모라면 언젠가는 이 가사의 내용과 같은 경험을 한 번씩은 할 것입니다. 그리고 지난 세월을 돌아보는 회상의 시간을 가질 것입니다.

　　곱고 희던 그 손으로 넥타이를 매어주던 때
　　어렴풋이 생각나오 여보 그 때를 기억하오

막내아들 대학시험 뜬눈으로 지내던 밤들
어렴풋이 생각나오 여보 그 때를 기억하오
세월은 그렇게 흘러 여기까지 왔는데
인생은 그렇게 흘러 황혼에 기우는데

큰 딸아이 결혼식 날 흘리던 눈물 방울이
이제는 모두 말라 여보 그 눈물을 기억하오
세월이 흘러가네 흰머리가 늘어가네
모두다 떠난다고 여보 내 손을 꼭 잡았소
세월은 그렇게 흘러 여기까지 왔는데
인생은 그렇게 흘러 황혼에 기우는데

다시 못 올 그 먼 길을 어찌 혼자 가려하오
여기 날 홀로 두고
여보 왜 한마디 말이 없소
여보 안녕히 잘 가시게
여보 안녕히 잘 가시게

　　요즘 평균 수명이 늘어나서 대부분 80세까지는 거뜬히 살 수 있습니다. 재수 없으면 100세까지도 살아야 하는 세상이라고 합니다. 단지 수명만 늘었다고 좋아할 일은 아닙니다. 어떻게 노년을 살아 가느냐가 중요합니다. 이제 웬만한 부부는 50년 정도는 함께 살아야 합니다. 젊어서는 사느라 바빠서 어떻게 시간이 지나는 지도 모르게 나이를 먹습니다. 그러다가 중년이 넘어가면서부터는 시간적 여유도 생기고 자녀가 장성하면서 부부가 서로를 바라보는 시간이 늘어납니다. 그래서 이 때부터 문제가 터지기 시작합니다. 예전에는 별 문제가 안 되던 일들이 이제는 심각한 문제가 되어 다툼으로 변하기도 합니다. 자칫 심각한 상황으로 비화하면 전과는 달리 화해도 어렵습니다. 결혼 생활 20년 이

상인 부부의 황혼 이혼이 신혼 이혼보다 많아진 사실만 보아도 알 수 있습니다.

끝이 좋으면 다 좋은 것이라고 합니다. 결혼 생활에서 노년이 아름답고 행복해야 합니다. 행복한 부부가 되어야 진정한 부모 리더십을 보여주는 것입니다. 언젠가 TV에 방송 된 여든이 넘은 부부의 모습은 참으로 안타까웠습니다. 50년을 함께 살면서 남편으로부터 애쓴다, 고생했다, 사랑한다는 말을 한 번도 못 들어본 아내가 노년이 되어 쌓인 감정이 폭발합니다. 그래서 매일 같이 싸우고 물건을 내던지기까지 하니 집안이 엉망이 됩니다. 결혼해서 각자의 삶을 살고 있는 자녀들이 하루가 멀다 하고 싸우고 가출하는 어머니의 모습과 가정 불화를 일으키는 아버지 때문에 수 없이 가족회의를 하면서 중재를 하려고 애씁니다. 자식 때문에 속 썩는 부모는 보았어도 부모 때문에 속 썩는 자식은 없을 거라면서 한탄을 하는 백발이 희끗한 아들의 모습을 보면서 저 역시 답답하고 우울했습니다. 생각다 못해서 전문가의 도움으로 상담치료를 시작하여 다행히 그 노부부는 서로를 존중하는 표현을 나누기 시작했고 대화의 방법을 배워가면서 부부 싸움이 줄어들면서 가정의 평화를 찾기 시작했습니다.

이 노부부는 평생을 살면서 행복한 부부가 되기 위한 공부는 생전 처음 한 것입니다. 그런데 변화가 일어난 것입니다. 부부로 연합하여 행복한 가정을 만들기 위해서는 알아야 합니다. 배우고 노력해야 합니다. 결혼만 하면 모두가 저절로 좋은 부모, 멋진 부부가 되는 것이 아닙니다. 자전거를 타기 위해서도 배우고 훈련해야 하는데 50년이 넘게 운전해야 할 가정이라는 공동체의 운전수가 배우지 않고 무면허로 운전을 하고 있습니다. 이 얼마나 위험한 일입니까?

저 역시 결혼 8년에서 10년 차 정도가 되면서 심각한 위기 상황까지 갔었습니다. 그때는 정말이지 암울하고 끝이 보이지 않았습니다. 아내와 함께 잘 살 자신이 없었습니다. 거의 매일 같이 불화가 생겼습니다. 말 한 마디 한 마디가 모두 거슬리고 다툼의 원인이 되었습니다. 그래서 더욱 가정의 행복과 부부의 삶에 대해 공부하고 연구하게 된 계기가 된 것입니다. 극심한 위기 상황을 겨우 넘기고 공부했습니다. 책을 수 없이 읽고 세미나를 듣고 가정 사역의 현장에 가보았습니다. 그러면서 뭐든지 제가 옳다고 주장하던 저에게도 바뀌어야 할 부분이 보이기 시작했습니다. 그리고 방법을 배우고 적용해 보았습니다. 처음에는 쑥스럽고 어색했고 자존심도 상하는 듯했지만 시도해 보았습니다.

아직도 완전하다고는 할 수 없습니다. 그래도 이제는 제 아내가 정말 많이 변했다고 인정합니다. 중요한 것은 제가 변하니까 아내도 변했습니다. 그리고 둘이 많은 대화를 하면서 여러 가지 상황을 상의하고 논의하는 과정에서 공감대를 만들어 가게 되었습니다. 얼마 전에도 아내가 스트레스를 받고 화가 나서 교회에 가서 기도해야겠다고 찬바람을 쌩쌩 날리면서 '다 마음에 안 들고 화가 난다. 이 집에서 당신만 좋고 다 싫다' 며 화를 무척 내면서 방을 나섰습니다. 저는 그 순간에도 '당신만 좋다' 는 말이 귀에 들어왔습니다. 다행히 내가 제일 싫다는 말은 안 하는구나 라고 생각했습니다. 그만큼 지난 날의 노력이 효과가 있다는 말입니다. 그날 다행히 아내는 곧 돌아왔습니다. 기도하는데 하나님이 남편 밥 차려주라고 했다나요! 배우고 노력하면 누구나 변화될 수 있습니다.

어떤 칠순의 할아버지가 너무도 젊음을 잘 유지하고 있어서 사람들이 그 비결을 물었답니다. 그랬더니 자신은 거의 매일 빠짐 없이 동네를 한 바퀴씩 돌면서 산책을 한다고 말했습니다. 어떻게 그렇게 매일같이 동네를 한 바퀴씩 돌 수가 있었느냐고 되묻자 할아버지는 할머니와 다툴 때마다 집을 나와서 동네를 돌았다고 말했답니다. 현명하게 대처하니까 관계도 살리고 건강도 챙길 수 있었던 것이 아니겠습니까?

부부가 잠을 자는 모습도 세월에 따라서 변한답니다. 20대는 포개져서 자고, 30대는 마주 보고 잡니다. 40대는 천장 보고 자고, 50대는 등을 돌리고 잡니다. 60대는 각방에서 자고, 70대는 어디서 자는지 서로 모릅니다. 그리고 80대는 한 명은 집에서 자고 다른 한 명은 무덤에서 잔답니다. 미국의 코넬 대학교에서 연구한 바에 따르면 사랑이라는 감정은 18개월에서 30개월 정도만 지나면 사라진다는 것입니다. 그러니까 아무리 눈에 콩깍지가 씌어서 결혼을 했다 하더라도 최대 3년이면 그 콩깍지는 벗겨집니다. 그때부터는 배우자의 단점이 부각되기 시작합니다. 그 이전에는 참을 수가 있었고 어떤 일도 예쁘게만 보였는데 3년 정도가 지나면 용서가 안 됩니다. 도무지 이해가 안 됩니다. '내가 미쳤지, 어쩌다 저런 인간이 좋다고 결혼을 했을까?' 하면서 탄식합니다. 뭐 하나 맞는 구석이 없다고 난리입니다. 그런데 상대방도 마찬가지라는 사실을 알아야 합니다. 그러니까 결혼은 단지 사랑의 감정만으로는 유지할 수가 없음을 알아야 합니다.

고린도전서 13장의 사랑에 관한 내용은 너무나 유명합니다. 거기에서 사랑은 무엇이라고 말합니까? 가장 먼저 사랑은 오래 참는 것이라고 합니다. 이것저것 참는 것으로 사랑은 시작이 된다는 것입니다.

결국 사랑은 감정이 아니라 행동입니다. 참는 행동이 사랑인 것입니다. 단지 의지만으로는 안됩니다. 반드시 참는 행동이 따라야 합니다.

영국의 낭만주의 시인 바이런은 죽음으로 모든 비극은 끝이 나고 결혼으로 모든 희극은 끝이 난다고 했는데 이것이 정말이라면 너무 비참하지 않습니까? 잠언 5장 18절에서는 '네 샘으로 복되게 하라 네가 젊어서 취한 아내를 즐거워하라'고 했습니다. 하나님이 허락하신 가정에서 이런 즐거움과 행복이 없어서는 안됩니다. 특히 크리스천 가정이라면 우리에게 허락하신 가정 공동체에 대한 사명감을 가지고 행복한 가정을 만들도록 노력해야 합니다. 더 이상 현관에 교회 팻말을 붙여놓고 다투는 소리가 밖으로 나가지 않도록 애써야 할 것입니다.

행복한 부부가 되기 위해서는 하나님께서 부여하신 기본적인 남편과 아내의 역할을 이해해야 합니다. 에베소서 5장에 보면 아내는 남편에게 복종할 것을 말합니다. 남편은 아내의 머리이기 때문이라는 것입니다. 이것이 하나님의 창조 질서라는 것입니다. 요즘 시대에 누가 누구에게 복종하냐고 반론을 제기할 분도 계실 것입니다. 왜냐하면 복종이라면 주종관계, 수직적 관계인 것으로 생각하기 때문입니다. 그러나 꼭 그렇게 볼 일이 아닙니다.

이미 창세기에서 부부는 한 몸을 이룬다고 했습니다. 따라서 남편과 아내는 결혼과 동시에 이미 한 몸이 된 것입니다. 갈라디아서 3장 28절에서도 누구든지 그리스도 예수 안에서 다 하나라고 했습니다. 남편이 아내의 머리 됨으로 아내가 남편에게 복종하라는 것은 이렇듯 단지 주종관계로서 군림해도 된다는 것이 아닙니다. 오히려 아내와 한 몸 됨을 통해 자기 자신을 사랑하듯이 사랑해야 하는 의무를 주셨습니다. 에베소서 5장 25절에서 '남편들아 아내 사랑하기를 그리스도께서 교회를 사랑하시고 그 교회를 위하여 자신을 주심 같이 하라' 고 했음을 상기해야 할 것입니다. 남편은 예수님이 목숨까지 바쳐서 교회를 사랑하신 것 같이 아내를 사랑해야 한다는 것입니다. 그런데 복종하랬다고 무조건 하녀 대하듯 군림해서 되겠습니까? 이것은 가정의 질서를 말한 것 뿐입니다.

부부가 중심이 되는 가정을 세우기 위하여 부부간에도 질서가 필요한 것입니다. 하나님은 남편을 아내의 머리로 세우셨고 남편의 머리는 그리스도로 세우셨습니다. 이런 가정의 질서 안에서 서로 존중하고 사랑함으로 건강한 가정을 만들고 행복한 부부가 되라는 것입니다. 아내가 남편을 머리로 인정하고 남편은 아내를 목숨 바쳐 사랑한다면 누가 누구를 부리고 군림하는 파워 게임과 피해 의식은 생각하지 않아도 되는 것입니다. 결혼의 성공은 좋은 짝을 찾는 데 있는 것이 아니라 좋은 짝이 되어 주는 데 있다는 말이 있습니다.

근본적으로 남자와 여자는 다르게 태어났습니다. 오죽하면 서로 다른 행성에서 왔다고까지 표현을 하겠습니까? 남편은 존중 받고 싶은 욕구가 가장 강합니다. 이것은 사랑 받는 것과는 다릅니다. 물론 남편도 사랑 받는 것을 싫어하지는 않습니다. 하지만 본성적으로 남편은 존중 받고 존경 받는 것을 더 선호합니다. 남편의 권위를 인정 받고 아내의 존경을 받는 남편이라면 최고의 행복한 느낌일 것입니다. 사회 생활을 하면서도 남편들은 자신을 인정해주고 존중해 주는 상황이라면 물

불을 안 가립니다. 이 점을 아내들은 기억해야 합니다. 에베소서 5장 33절에는 분명히 아내에게 남편을 존경하라고 했습니다. 왜 서로 사랑하라고만 하지 않고 굳이 존경하라고 했는지 남자들의 존경에 대한 욕구를 창조의 섭리로 이해할 수 있는 부분입니다.

존경하기 어려운 이유는 단점을 보기 때문입니다. 남과 비교하면서 단점을 부각시키면 존경할 마음이 안 생깁니다. 그리고 주도권 생각에 존경심이 안 생기는 것입니다. 남편을 존경한다고 아내가 부족하고 못난 사람이 되는 것이 아닙니다. 남편과 겨뤄서 이기려는 마음을 내려놓으십시오. 그저 창조의 질서에 따라서 존경의 마음을 가지십시오. 특히 자녀 앞에서 이런 모습을 보이는 아내는 자녀 교육까지도 더불어 시키는 현명한 아내인 것입니다.

이와는 달리 아내들은 사랑 받고 싶어하는 욕구가 가장 큽니다. 자신에게 관심을 보이고 공감해 주면서 사랑 받고 있음을 느끼고 싶어합니다. 아내 가운데에도 존경의 욕구가 강한 사람이 있을 수 있겠지만 대체로 아내들은 사랑의 욕구가 강합니다. 그래서 성경에도 남편들에게 아내를 사랑하라고 여러 군데서 말씀하고 있음을 볼 수 있습니다. 한국의 남편들은 결혼과 동시에 아내에게 애정 표현을 게을리 합니다. 어항 속의 물고기에게는 미끼를 줄 필요가 없다나 뭐라나 하면서 꼭 표현을 해야 아느냐고 넘겨 버립니다. 그래서 아내를 서운하게 만듭니다.

애정 표현을 통해 아내가 사랑 받고 있다고 느끼게 해주는 남편은 존경을 받게 됩니다. 서로 주고 받는 관계가 되기 때문에 누가 먼저랄 것 없이 남편은 아내를 존경하고 아내는 남편을 사랑하면 되는 것입니다. 가정에서의 쓸데 없는 주도권 다툼으로 신경전을 펴면서 서로 위에 서려고 한다면 아무도 존경도 못 받고 사랑도 못 받게 될 것입니다. 항복하면 행복하다는 말이 있습니다. 가정과 부부의 행복에 아무런 영양가도 없는 자존심은 내려 놓으십시오. 그리고 서로에게 항복하십시오. 그러면 행복해 질 것입니다.

　남편이 아내를 사랑한다고 표현하는 방법은 거창한 게 아닙니다. 아내를 이해하고 있음을 보여 주면 되는 것입니다. 아내의 손을 자주 잡아주는 것으로도 충분히 애정 표현이 됩니다. 연애 할 때에는 어떻게 하면 손이라도 한 번 잡아 볼까 그렇게도 고심하던 시절이 있었지 않습니까? 적어도 스마트폰을 손에 쥐고 있는 시간의 절반만이라도 아내의 손을 잡아주십시오. 날씬하던 그 모습이 온데간데 없어서 애정 표현이 안 되신다면 본인의 뱃살을 보시기 바랍니다. 예전의 그 모습은 어디 가고 똑바로 서면 자기 발도 안 보일 정도로 배가 튀어 나왔는데도 아내에게 매력이 없어졌다고 말하면 모순이지요. 아내를 사랑하는데 조건이 붙으면 안 됩니다. 만약 조건을 붙인다면 아내도 남편을 존경하는데 조건을 붙여서 할 것입니다. 이것은 악순환입니다.

　사회 생활을 하면서 남편들은 다른 여자들에게는 참 친절하고 좋은 사람입니다. 그런데 집에만 들어오면 돌변합니다. 무뚝뚝하고 매정하고 무기력해집니다. 아내 보기를 소 닭 보듯이 합니다. 목회자 가정에서도 예외는 아닙니다. 피곤하다는 이유로, 편한 사이라는 이유로 무심하게 대합니다. 담임목사님이 성도들에게 보이는 친절함과 자상함의 십일조라도 받고 싶은 사람은 바로 그 교회의 사모님인 것입니다. 현명한 남편은 남의 여자에게 보다 자신의 아내에게 더 친절합니다. 남의 자녀에게 보다 자신의 자녀에게 더 자상합니다.

부부가 손을 잡고 산책하기를 즐겨보십시오. 힘들이지 않고 부부의 친밀감을 강화할 수 있는 가장 쉬운 방법입니다. 손을 잡고 걸으면서 자연히 대화를 하게 됩니다. 매일 마주 보고 살면서 부부 사이에 무슨 할 말이 그렇게 있느냐는 분들이 많습니다. 날씨든 건강이든 일상적이고 사소한 주제나 하루에 있었던 시시콜콜한 얘기도 얼마든지 대화라 할 수 있습니다. 조금만 지속해 보면 점점 주제가 깊어지고 넓어집니다. 인생의 가치관과 삶의 비전에 대해서도 대화가 확대됩니다. 서로를 깊이 이해하는데 아주 효과적입니다.

또는 작은 선물도 좋습니다. 중요한 것은 선물에 정성과 마음이 깃들어 있음을 알리는 것이지 값나가는 선물을 해야 하는 것은 아닙니다. 아내들은 선물 자체가 아니라 선물을 하는 남편의 마음에 감동하는 것입니다. 기념일을 기억하고 남편이 관심과 애정의 표현을 한다는 것이 아내는 고마운 것이지 어떤 선물을 했느냐는 별로 중요하지 않습니다. 오히려 쓸데 없이 비싼 선물을 해봐야 금방 돈으로 환산하여 아내에게 핀잔을 듣기 쉽습니다. 핵심은 돈이 아니라 마음입니다.

저는 작년 봄에 결혼 20주년을 맞았습니다. 특별한 기념일이기에 그냥 평범하게 지나치면 서운할 것 같아서 이벤트를 생각했습니다. 그날도 제가 강의 일정이 있어서 외부 연수원에서 자고 와야 하는 상황이었습니다. 그래서 미리 이벤트 준비를 했습니다. 강의가 없는 날을 택해서 집에 있던 앨범을 다 꺼내 놓고 데이트 할 때부터 추억이 담긴 사진들을 일일이 카메라로 찍었습니다. 수십 장의 사진을 찍어서 배경 음악을 깔고 메시지를 넣어서 짧은 동영상을 만들었습니다. 그리고 아내

직장 동료에게 미리 협조를 구해서 메일로 보내 놓았습니다.

기념일 당일 점심 시간에 직장에서 전체가 모여서 식사를 마치고 아내가 자리를 뜨려고 할 때 잠시 기다리라고 하면서 불을 끄고 동영상을 대형 화면에 틀어 주었습니다. 생각지도 못한 일에 아내는 당황하면서도 이내 사태를 알아차리고 감격했습니다. 사실 저도 옛날 사진을 정리하면서 눈시울을 붉혔는데, 작업을 할 때 옆에 같이 있던 아들 녀석이 분명히 엄마는 울 것이라고 말했습니다. 아니나 다를까 아내는 눈물을 터뜨렸고 옆에서 보던 직원도 같이 울었답니다. 감격하고 고마워서 아내는 제게 전화를 해주었습니다. 그 동영상 만드는데 필요한 배경 음악을 다운받느라 사용한 600원이 투자의 전부입니다. 그것으로 아내를 감동하게 만들었고 울렸던 것입니다. 마음 먹고 비싼 보석을 선물했어도 이런 감동의 눈물은 없었을 것입니다.

행복한 부부가 되는 것은 부모 리더십을 세우는 데 필수적입니다. 부부가 행복하지 못하면 결코 위대한 부모 리더십을 세울 수는 없습니다. 성경에도 언급한대로 먼저 부부가 서로 존경하고 사랑하십시오. 그래서 행복한 부부 관계를 만드십시오. 감정적으로 도저히 내키지 않아서 할 수 없다는 생각이 들거든 의지적으로 노력하십시오. 자녀를 사랑하는 것도, 배우자를 존경하고 사랑하는 것도 모두 의지적인 노력이 필요한 일입니다. 기분에 따라서 내킬 때만 하는 것은 성숙한 부모 리더십을 갖추지 못한 증거가 됩니다. 인내하면서 시도하다 보면 반드시 변화가 있을 것입니다.

부부가 행복한 관계를 만들어 가려면 상호 신뢰가 전제되어야 합니다. 기초가 든든해야 건물도 오래 유지됩니다. 아무리 호화로운 건물이라도 기초가 부실하면 반드시 탈이 나기 마련입니다. 부부 관계도 모래 위에 세운 집이 되지 않으려면 상호 신뢰라는 든든한 기초 공사가 선행되어야 합니다. 지나가는 말이지만 남편은 집 안에 있을 때만 남편이고 밖에 나가면 남의 남자라고 생각해야 한다고 말하는 아내들이 있습니다. 이 시대는 자기 자신을 지키기도 어려운 유혹이 사방에 널려 있습니다. 웬만한 성직자도 아차 하는 순간에 유혹을 이기지 못하고 넘어가는 일도 심심치 않습니다. 가정의 중심이 되는 행복한 부부의 비결은 서로 충분히 믿을 수 있어야 한다는 것입니다.

어떤 리더라도 자기 관리와 자기 절제가 전제되지 않으면 리더십을 발휘할 수 없습니다. 노아가 그랬고 다윗 왕도 그랬고 솔로몬도 그랬습니다. 이들은 처음보다 나중이 안 좋게 된 대표적인 경우입니다. 끝까지 자기 관리와 절제를 행하지 못하면 결국은 넘어지게 되어 있는 연약한 존재가 우리 인간입니다. 저는 전국으로 강의를 다니다 보니 많은 날들을 외부 숙소에서 머물게 됩니다. 다행히 연수원에서 묵으면 문제가 없는데 숙소가 없어서 강의장 근처의 모텔 등에서 묵을 때면 자기와의 싸움이 필요합니다. 거의 모든 모텔에는 성인 방송이 나옵니다. 그리고 혼자 밤에 숙소에 있게 되면 성인 채널을 틀고 싶은 유혹이 생깁니다. 어떤 남자고 혼자 그런 상황에 놓였을 때 어떻게 하는지가 그 사람의 본 모습을 보여주는 것입니다. 중국 고전인 대학에도 신독(愼獨)이라는 말이 나옵니다. 예나 지금이나 아무도 보는 이가 없이 혼자 있을 때의 사람의 처신이 달랐나 봅니다. 누가 보지 않는 상황에서도 자신을 다스릴 수 있어야 합니다. 그래서 저는 요즘은 모텔에 가게 되면 아예 TV를 틀지 않도록 합니다. 아니면 무조건 기독교 방송을 틀어 놓고 있습니다. 남편이 아내와 자녀를 생각해서 스스로의 몸과 마음을 지키는 것이 신뢰를 돈독히 하는 중요한 요소인 것입니다.

그리고 유혹에 빠지지 않는 좋은 방법은 그런 환경에 애초부터 가까이 가지 않는 것입니다. 자신은 의지가 강해서 얼마든지 이겨낼 수 있다고 자만하다가 큰 코 다치게 됩니다. **'교만은 패망의 선봉이요 거만한 마음은 넘어짐의 앞잡이니라'** 고 잠언에도 말씀하고 있습니다. 술을 마시지 않을 자신이 있다고 하면서 술 자리에 함께 있는 것 보다는 아예 그 자리를 피하는 것이 현명합니다. 마귀는 대적하여 물리쳐야 하지만 유혹은 피하는 것이 현명하다는 것입니다. 남편이나 아내나 마찬가지입니다. 아내들의 사회 활동이 전에 비해서 활발해진 요즘은 너나 없이 자기 관리에 신경을 쓰지 않으면 안되기 때문입니다.

부부간의 신뢰를 든든히 하기 위해서 꼭 지켜야 할 또 하나의 중요한 원칙은 서로 속이지 말아야 한다는 것입니다. 아무리 사소한 일이라도 부부 사이에는 거짓말이 없어야 합니다. 가끔은 부부간에도 선의의 거짓말을 하는 경우가 있습니다. 그러나 극히 예외적으로 다른 사람의 심각한 비밀 정보에 관한 내용이 아니면 언제나 솔직해야 합니다. 하다못해 무엇을 사오고도 얻어 온 것이라거나 하는 등의 작은 일에서도 나중에는 서로 신뢰를 해치는 부작용이 생기게 되므로 위험합니다. 몇 번 작은 거짓말이나 선의의 거짓말을 경험한 부부는 중요한 일에 있어서도 혹시 나를 속이는 것은 아닌가 하는 의심이 생기게 되기 때문입니다.

비밀이 없어야 하는 것은 부부 사이인데 엉뚱하게도 친한 주위 사람들과 비밀이 없이 지내는 경우를 보게 됩니다. 부부 사이에는 말하지 못하는 내용을 주위의 다른 사람들과는 공유하는 것은 잘못된 일입니다. 심지어 부부 관계의 횟수라든지 만족도 같은 예민하고 은밀한 이야기도 거리낌 없이 주위 사람과 나누는 일이 있는데, 이것은 옳지 않습니다. 부부 사이의 비밀의 담벼락은 허무는 것이 좋겠지만 주위의 남들과는 할 말과 안 할 말을 구별하는 것이 필요합니다.

행복한 부부는 'BEST 부부'가 되어야 합니다. 먼저 Bless, 축복하는 부부입니다. 남 앞에서도 부부가 서로를 존중하면서 대하고 늘 서로를 위하는 말을 하는 것입니다. 장점을 강조하면서 잘 되기를 바라는 마음을 전달하는 부부를 말합니다. 다음에는 Edify, 세워주는 부부입니다. 특히 자녀 앞에서 부부가 서로 비방하거나 무시하고 핀잔을 주는 것은 금물입니다. 만약에 허물이 있더라도 따로 있을 때 이야기를 하고 자녀 앞에서는 언제나 서로를 세워주는 부부가 되어야 합니다. 연세대학교 사회복지학과 김재엽 교수의 연구에 의하면 부부 사이에 주고 받는 '미안해, 고마워, 사랑해'라는 표현이 암 예방과 노화 방지에 효과가 있다고 합니다. 실험군의 부부에게 이런 말을 매일 같이 사용하게 한 결과 혈액내 산화성 스트레스 지표가 무려 50%나 감소했으며 항산화 능력 지표는 30%가 증가한 것으로 나타났습니다. 혈액내의 산화성 스트레스 지표가 줄면 암, 고혈압, 파킨슨병 등의 발병이 낮아지고 노화가 늦춰진다는 것입니다. 부부가 서로 세워주고 축복하는 말을 함으로써 건강까지 챙길 수가 있습니다.

또한 Share, 공유하는 부부입니다. 부부는 무엇이든 공유해야 합니다. 개인적인 프라이버시를 내세워 비밀을 만들면 안 됩니다. 결혼을 하여 한 몸을 이루었음에도 내 것 네 것 따지고 나누면 안됩니다. 늘

오픈하고 믿어주며 합력하여 선을 이루는 방법을 찾아야 합니다. 마지막으로 Touch, 접촉하는 부부입니다. 몸이 멀어지는 것은 이미 마음이 멀어졌다는 신호입니다. 가급적이면 가까이에서 자주 접촉하십시오. 신체 접촉 만으로도 많은 질병을 예방할 수 있습니다. 길을 걸을 때 손을 잡거나 팔짱을 끼십시오. 자주 격려하며 어깨를 토닥여 주십시오. 먼저 행동을 하면 좋은 감정이 생겨나기도 하는 것입니다.

3) 행복한 부부의 소통

시중에 유행하는 유머 가운데 아내에게 구박 받는 연령별 남편의 상황이 있습니다. 각 연령별로 다음과 같은 상황에서 남편은 아내에게 구박을 받는답니다.

20대 – 다른 여자 쳐다 봤다고
30대 – 회식하고 늦게 들어왔다고
40대 – TV 채널 다른 데로 돌렸다고
50대 – 외출 하는데 어디 가냐고 물었다고
60대 – 외출 하는데 같이 가자고 했다고
70대 – 밥상 앞에서 반찬 투정 했다고
80대 – 아침에 눈 떴는데 아직 살아있다고

세상에서 가장 가까운 촌수가 부부입니다. 촌수가 무촌이니 그 보다 가까운 사이는 없겠지요. 이렇게 평생을 가장 가까운 사이로 살면서도 가장 안 통하는 사이가 또한 부부입니다. 살면 살수록 모르겠다는 것입니다. 어느 유행가 가사처럼 '네가 나를 모르는데 난들 너를 알겠느냐' 가 부부의 마음을 대변해 주는 듯합니다. 왜 이렇게 모르는 것 일까요? 바로 소통이 안 되기 때문일 것입니다. **소통이란 서로 통하는 것**입니다. 마음과 마음이 통해야 소통입니다. 언어적인 소통만이 소통이 아닙니다. 정서적인 소통, 감정적인 소통이 진짜 소통입니다. 그래서 저는 소통을 항상 **'산소가 통하는 것'** 이라고 풀이합니다. 부부 사이에 산소가 통하지 않는다면 어떻게 되겠습니까? 답답하겠지요. 숨이 막히는 것입니다. 이것이 바로 소통이 안 되는 증거입니다.

소통이란 말 재주가 좋고 나쁨을 말하는 것이 아닙니다. 아무리 말을 유창하게 하더라도 상대방이 숨이 막힌다면 소통은 전혀 이루어지지 않는다고 보면 됩니다. 이것은 단지 부부 사이에만 국한된 것이 아닙니다. 부모와 자녀 사이에도 정확하게 들어맞는 원리입니다. 흔히 집에서 자녀를 불러 놓고 이런저런 말을 많이 하는 부모들은 자녀들과 소통을 잘하고 있다고 생각하기 쉽습니다. 그러나 자녀의 입장에서는 그저 숨 막히는 상황일 뿐이라면 그 부모는 전혀 소통을 못하고 있는 것입니다. 이렇듯 부부 사이의 소통은 얼마나 많은 말을 하느냐가 아니라 어떻게 감정과 정서를 주고 받으며 상호 이해하고 느끼느냐에 달렸습니다.

앞에서의 유머처럼 아무리 오래 같이 살았더라도 부부가 엉뚱하게 어긋나기만 한다면 분명 문제인 것입니다. 소통이 안 되는 가장 큰 이유는 항상 일방적인 태도 때문입니다. 소통을 위해서는 부부가 서로를 존중하고 배려해야 합니다. 일방적으로 상대방을 대한다면 결코 소통이 되지 않습니다. 오래 함께 산 부부일수록 일방적이기 쉽습니다. 서로 너무 편하기 때문이기도 하고, 서로 너무 잘 안다고 생각하기 때문이기도 합니다. 그래서 일방적이 될수록 소통은 더욱 안 되는 것입니다.

한 결혼 정보업체의 최근 조사에 의하면 결혼에 실패하는 원인으로 가장 많이 꼽은 것은 배우자를 잘 이해하지 못한 것과 아량이 부족한 것이었습니다. 남자와 여자의 대답이 약간 엇갈렸는데, 남자는 42.2%가 배우자를 잘 파악하지 못한 것이라고 대답했고 그 다음으로 22.5%가 아량이 부족했다는 것이었습니다. 반면에 여자는 34.9%가 아량이 부족했다는 것을 꼽았고, 그 다음으로 23.3%가 상대방을 잘 파악하지 못했다는 것입니다. 아무튼 상대방을 잘 파악하지 못하고 아량을 베풀지 못했다는 점은 그만큼 소통하지 못했다는 것입니다. 반대로 생각하면 부부가 서로 상대를 제대로 이해하는 노력을 통해서 사랑의 본질인 오래 참음으로 대했다면 이혼은 막을 수도 있다는 것 아니겠습니까? 이혼이 주는 스트레스 지수는 배우자가 사망한 것 다음으로 커다란 수치입니다. 심리학자인 리차드 홈스와 토마스 라헤 박사가 제시한 스트레스 지수에 의하면 이혼의 스트레스는 교도소에 수감되는 것보다도 더 크다고 합니다. 부부가 소통만 잘해도 인생에서 이런 스트레스를 피할 수가 있는 것입니다.

많은 분들이 대화의 주제가 없다고 말합니다. 대체 무슨 말을 해야 할 지 모르겠다는 것입니다. 부부간에도 막상 소통을 위해서 대화를 시도하다가도 마땅히 할 말이 없어서 흐지부지 된다는 것입니다. 여기에 좋은 방법이 있습니다. 이것은 사람들과 만나서 대화를 할 수 있는 주제를 모은 것입니다. **'주 여 신 식 의 사 가 천 생 연 분 이 오'**를 활용하면 웬만한 대화는 이어 나갈 수가 있을 것입니다. 이 말은 다음의 주제를 첫 글자만 모아서 만든 것입니다. 거창한 남북 외교 문제를 대화의 주제로 삼지 마시고 아주 일상적인 부분에서 대화의 실마리를 찾으시기 바랍니다.

주 : 주거, 집

여 : 여행

신 : 신문, 뉴스

식 : 식사, 간식

의 : 의복, 액세서리

사 : 사업, 일

가 : 가정, 가족

천 : 천재지변, 날씨

생 : 생명, 건강

연 : 연애, 결혼

분 : 분위기, 환경

이 : 이웃, 친지

오 : 오락, 취미

교회 교육과 부부, 가정생활을 주제로 상담과 강의를 하는 유명한 심리학자 게리 채프먼이 말하는 5가지 사랑의 언어를 이해한다면 부부 간의 소통에 많은 도움이 될 것입니다. 게리 채프먼은 '인정하는 말,

함께 하는 시간, 선물, 봉사, 스킨십' 을 5가지 사랑을 표현하는 언어로 보았습니다. 이 가운데 배우자가 어느 것을 통하여 사랑을 받는다고 느끼는 지를 파악하라는 것입니다. 사람마다 선호하는 사랑의 언어가 다르기 때문에 주관적으로 어느 한 가지를 사용했다고 해서 상대방이 사랑의 언어로 받아들일 것이라는 주관적인 추측은 안 된다는 것입니다.

어떤 사람은 자신을 인정하고 사랑한다는 언어적인 표현을 할 때 진정으로 받아들입니다. 일반적으로 남자보다는 여자가 언어적인 표현에 민감합니다. 굳이 말로 표현해줘야 만족하는 성향이 있습니다. 그도 그럴 것이 선천적으로 여자는 남자보다 언어 감각이 발달했기 때문에 그렇습니다. 남자는 좌뇌에만 언어 중추가 있는 반면에 여자는 우뇌에도 언어 중추가 있어서 양쪽 뇌를 모두 사용하면서 언어를 구사합니다. 그러니 남자보다 언어적인 면에서 우월할 수 밖에요.

게다가 일상적으로 사용하는 단어도 평균적으로 남자가 사용하는 7천 단어의 3배인 2만 단어를 사용한다고 합니다. 어떤 상황에서 남자가 한 마디로 표현했을 때 여자가 세 마디를 하면 그저 평균으로 한 것입니다. 그것 가지고 말이 많다고 하면 여자를 잘 모르는 것입니다. 여기에서 문제가 되는 것은 남자들은 그나마 7천 단어를 퇴근 전에 다 사용하고 들어온다는 것입니다. 그런데 여자들은 절반만 사용하고 나머지 절반은 집으로 가져오니까 9시 뉴스 시간쯤 되면 가정마다 부부가 엇박자가 나기 시작하는 것입니다. 아무튼 말로 표현할 때 더 좋아하는 경우가 있음을 알아야 합니다.

어떤 경우는 말로 하지 않아도 다만 함께 있어 주고 시간을 같이 하는 것으로 사랑을 느낀다는 것입니다. 주말에 혼자 약속을 잡아서 외출을 한다거나 취미 활동을 위해 집 밖으로 가지 않고 부부가 함께 시간을 보내는 것이 서로에게 사랑의 표현이 될 수도 있다는 것입니다. 부부가 산책이든 영화를 보든 여가를 함께 보내는 것은 이런 의미에서 또 다른 사랑의 표현이라고 할 수 있습니다.

또 다른 경우는 선물입니다. 퇴근 길에 늘 아내를 위해 무엇이든 한 가지씩 사 들고 오는 것을 고마워하는 아내가 있다면 그녀의 사랑의 언어는 선물인 것입니다. 꽃을 한 송이 사온다든지 아내를 위해 작은 소품이나 액세서리를 사온다고 할 때 기뻐하는 아내는 선물을 사랑의 언어로 인식하기 때문입니다. 의외로 소소한 것에도 좋아하고 감동할 수 있음을 생각해야 합니다.

배우자가 자신의 일을 도와주고 신경 써 준다는 사실에 감사해 하고 기뻐한다면 그것은 봉사가 사랑의 언어이기 때문입니다. 유독 집안 일 거들기를 싫어하는 남편들이 있습니다. 여러 가지 이유를 대면서 잘도 빠져 나갑니다. 하지만 아내가 봉사를 사랑의 언어로 이해한다면 대충 넘어가려고 하지 마십시오. 집안 일을 자로 잰듯이 반씩 나눌 수는 없겠지만 봉사를 사랑의 언어로 이해하는 아내라면 시키기 전에 쓰레기 분리수거를 해주는 남편이 가장 사랑스러울 것입니다. 사랑의 언어에 대한 주파수를 잘못 맞추면 공연히 엉뚱한 데만 긁어주는 잘못을 하게 될 수도 있습니다. 집안 일은 도와주는 것이 아니라 그냥 하는 것입니다. 집안 일을 왜 배우자의 몫으로만 생각하십니까? 도와주는 것이 아니라 자신의 일을 한다고 생각하면 귀찮지도 억울하지도 않습니다.

마지막으로 신체 접촉입니다. 손을 잡는다든지 안아준다든지 안

마를 해준다는 등의 신체 접촉에 의한 표현을 좋아하는 사람도 있습니다. 부부가 오래 살면서 점점 무덤덤해지면서 스킨십을 멀리하는 경우가 있습니다. 의학적으로도 부부가 스킨십을 자주하면 면역력이 향상된다고도 합니다. 출근할 때 가볍게 입맞춤을 하는 부부가 연봉도 높다는 연구 결과도 있지 않습니까? 스킨십이라고 너무 자극적이고 진한 것만을 생각하지 마시고 자연스럽게 하는 것입니다. 자녀 앞에서도 일상적으로 부부가 스킨십을 한다면 자녀의 이성관이나 부부관에 대해서도 좋은 영향을 줄 수 있습니다. 남편이든 아내든 배우자가 스킨십을 원한다면 기꺼이 해주십시오. 가족끼리 이러면 안 된다는 등의 엉터리 논리로 배우자의 스킨십을 거절하면 심리적으로 위축되고 상실감에 빠질 수도 있습니다. 그리고 다른 곳으로 눈을 돌리는 부작용을 초래할 것입니다.

여러분의 배우자는 어떤 사랑의 언어를 선호합니까? 아직 잘 모르겠거든 이제부터라도 잘 살피시기 바랍니다. 어떤 경우에는 이 중에 한가지를 선호할 수도 있고 어떤 경우에는 복수의 사랑의 언어를 선호하기도 할 것입니다. 살펴봐도 모르겠거든 솔직하게 물어보십시오. 중요한 것은 배우자로서 상대방의 사랑의 언어를 제대로 파악하고 있느냐는 것입니다. 그리고 배우자가 원하는 사랑의 언어를 사용하려는 노력을 하느냐입니다. 배우자의 정서적 친밀감이라는 사랑의 그릇을 올바른 사랑의 언어로 채워주는 의지적 노력이 필요합니다.

참고로 이런 5가지 사랑의 언어는 자녀에게도 동일하게 적용됩니다. 아이들이 어떤 사랑의 언어를 좋아하는지 알아야 합니다. 특히 사춘기의 자녀를 둔 부모라면 더 세심하게 살펴서 적용해야 합니다. 그

시기의 자녀들은 자신의 사랑의 언어로 표현하는 부모와는 통한다고 느끼지만 그렇지 않고 엉뚱한 관심과 노력을 하는 부모와는 통하지 않는다고 판단하고 겉돌게 됩니다. 부족한 것 없이 잘 해주는데도 자녀와의 관계가 매끄럽지 않다면 평소 사랑의 언어를 잘 표현하고 있는지 돌아보시기 바랍니다.

전도서 3장 11절에는 '하나님이 모든 것을 지으시되 때를 따라 아름답게 하셨고 또 사람들에게는 영원을 사모하는 마음을 주셨느니라 그러나 하나님이 하시는 일의 시종을 사람으로 측량할 수 없게 하셨도다' 라고 했습니다. 우리에게 허락하신 가정을 건강하고 튼튼하게 만들기 위해 부모 리더십을 세우려는 여러분에게 분명히 아름다운 때를 허락하실 것입니다. 조급하게 생각하지 말고 서로 주파수가 맞을 때까지 반복하여 시도하고 노력하십시오. 그만두고 싶을 때도 있을 것입니다. 나는 한다고 하는데 상대방이 문제라고 원망스러울 때도 있을 것입니다. 그러나 하나님의 때가 되면 반드시 결실을 거둘 것을 믿으시기 바랍니다. 과정 없이 결과가 있을 수 없는 법입니다.

4) 행복한 부부의 대화법 실습

스위스의 내과의사이자 정신분석학자인 폴 트루니에는 현대 심리학과 기독교를 접목시킨 위대한 상담가입니다. 인격 의학의 창시자라고도 불리는 전문가 중의 전문가인 폴 트루니에도 어느 날 자신의 아내가 말씀 묵상한 내용을 이야기하자 즉시 심리학적으로 분석하며 충고를 했답니다. 그러자 아내는 화를 내면서 제발 자신의 이야기를 들어주기나 해달라고 말했다는 것입니다. 이처럼 전문가라고 해도 삶에서 적용하고 지혜롭게 행동하기는 어려운 일입니다. 특히 부부간의 대화는 너무나 복잡하고 어렵게 느껴질 수 있습니다. 이론적으로는 이해가 되어도 직접 실천하는 것은 별개의 문제인 것입니다.

성경에는 여러 곳에서 대화법의 지혜를 가르쳐 주고 있습니다. 그 대표적인 말씀을 보면 다음과 같습니다.

> 너희 말을 항상 은혜 가운데서 소금으로 맛을 냄과 같이 하라 그리하면 각 사람에게 마땅히 대답할 것을 알리라 (골 4:6)
>
> 유순한 대답은 분노를 쉬게 하여도 과격한 말은 노를 격동하느니라 (잠 15:1)
>
> 온순한 혀는 곧 생명 나무지만 패역한 혀는 마음을 상하게 하느니라 (잠 15:4)
>
> 경우에 합당한 말은 아로새긴 은 쟁반에 금 사과니라
> (잠 25:11)
>
> 사람마다 듣기는 속히 하고 말하기는 더디 하며 성내기도 더디 하라 (약 1:19)

말하고 듣는 일이 간단치는 않지만 대화법의 가장 기본이 되는 것은 세 가지 원칙을 지키는 것입니다. **첫째,** 상대방에 초점을 맞춘 대화를 하라는 것입니다. 항상 대화의 주도권을 잡고 일방적으로 하는 것이 잘하는 것이라고 착각하는 사람이 있습니다. 온전한 대화는 상대방에

게 초점을 맞추고 공감을 이끌어내는 것입니다. **둘째**는 상대방을 참여시키는 대화입니다. 말을 많이 한다고 잘하는 것은 아닙니다. 오히려 상대방이 대화에 참여하도록 적절히 질문을 하면서 말을 하도록 유도하는 것이 좋은 대화법입니다. **셋째**는 상대방의 보조를 맞추는 것입니다. 상대방은 지금 이쪽 얘기를 하고 있는데 혼자서 앞서나가서 저쪽 얘기를 한다면 전혀 대화가 안 되는 것입니다. 하고 싶은 말이 있더라도 항상 상대방과의 보조를 생각하면서 대화를 해야 합니다. 그래야 상대방은 존중 받는 대화라고 느끼기 때문입니다.

　그런데 대화를 하면서 가장 힘들어 하는 부분은 의외로 듣는 일입니다. 말하기보다 듣기가 더 어렵다는 것입니다. 말하기는 기술이지만 듣기는 예술이라고도 합니다. 제대로 들을 줄 모르는 사람과는 대화가 이어지지 않기 때문에 듣기가 어렵기도 하지만 중요하기도 한 것입니다. 그래서 먼저 듣기 훈련을 하고 나서 그 다음에 말하기 훈련을 하는 것이 순서입니다. 요즘 직장에서도 면접을 볼 때 토론식 면접을 많이 합니다. 지원자들을 그룹으로 나눠서 주제를 주고 토론을 시키는 것입니다. 이 때 많은 지원자들이 착각하는 것이 있습니다. 토론 면접에서는 말을 잘해야 선택 받을 수 있다고 생각합니다. 그런데 그것은 반만 맞는 생각입니다. 절대로 말을 잘하는 사람을 선별하기 위한 것만이 아닙니다. 오히려 토론 중에 남의 말을 잘 듣는 사람을 보기 위한 것일 수도 있습니다.

　유난히 말귀를 못 알아듣는 사람을 사오정이라고 합니다. 그래서 사오정 시리즈 유머가 많이 있습니다. 어느 면접장에서의 일입니다.

면접관 : 우리나라 최고의 야구 선수는 누구입니까?
손오공 : 박찬호 아니면 이승엽입니다.
면접관 : 임진왜란은 언제 일어났나요?
손오공 : 1592년입니다.
면접관 : 1부터 100까지를 더하면 얼마가 되지요?
손오공 : 5050입니다.

이래서 손오공은 합격을 했습니다. 다음에는 사오정 차례입니다. 미리 손오공에게 정보를 입수했기에 자신 있게 들어 갔습니다.

면접관 : 당신의 이름이 뭔가요?
사오정 : 박찬호 아니면 이승엽입니다.
면접관 : 자네가 태어난 해는 언제인가?
사오정 : 1592년입니다.
면접관 : 자네 아이큐가 어떻게 되나?
사오정 : 5050입니다.

자, 어떻게 되었을까요? 경청이 중요한 것은 내가 말하고 싶은 것만 말하는 것이 아니고 상대방이 원하는 말을 할 수 있도록 잘 들어야 하기 때문입니다.

부부 사이에도 경청은 매우 중요하면서 어려운 일입니다. 여기에서는 간단하면서도 효과적인 경청의 기술을 3가지만 설명하도록 하겠습니다. 경청을 위해서는 가장 먼저 상대방의 말을 끊지 말고 끝까지 듣는 것이 중요합니다. 설령 자신의 생각과 다른 이야기나 잘못된 말을 하더라도 일단은 끝까지 듣는 것을 말합니다. 이것만 훈련이 된다면 부부간의 대화에서 갈등을 절반은 줄일 수 있습니다. 본능적으로 상대방이 말하는 도중에 끼어 들고 싶은 충동을 느끼게 됩니다. 제때에 반격하지 않으면 밀릴 것이라는 불안감이 덮쳐 옵니다. 그래도 참고 들어줘야 합니다. 이것이 경청의 가장 기본입니다. 잠언 18장 13절에는 '사연을 듣기 전에 대답하는 자는 미련하여 욕을 당하느니라' 고 했습니다.

다음에는 들으면서 반응을 보이는 것입니다. 말로 반응을 보일 수도 있고 행동으로 반응을 보일 수도 있습니다. 가장 간편한 언어적 반응하기는 '그랬구나 화법' 입니다. 상대방의 말을 듣고 나면 일단은 '그랬구나' 라고 맞장구 치는 것입니다. '아니, 잠깐. 그것은 당신이 잘못 알고 있는데 내 말 좀 들어봐' 라고 말하고 싶더라도 '그랬구나' '무슨 말인지 알겠어' '왜 그런 생각을 하는지 이제 알겠어' 등으로 맞장구를 치는 것입니다. 이런 그랬구나 화법이 의외로 효과적입니다. 다만, 표정이나 말투가 빈정대듯이 하는 것은 금물입니다. 진지하게 경청의 첫 반응으로 사용해야 합니다.

마지막으로는 상대방의 말을 듣고 나서 핵심을 요약하여 확인하는 것입니다. '아, 그러니까 당신 말은 내가 당신을 무시하는 느낌이 든다는 것이지?' 라고 내가 듣고 이해한 내용이 맞는지를 간단하게 요약해서 확인 하라는 것입니다. 상대방이 '그래, 내 말이 바로 그거야' 라는 반응을 하도록 하는 것입니다. 비록 상대방의 의견에 동의하지는 못하더라도 들은 내용을 요약해서 확인만 잘 해줘도 상대방은 얘기가 통한다고 생각합니다. 통하면 되는 것입니다. 안 통하니까 답답하고 다람쥐 쳇바퀴 돌듯이 하염없이 말을 늘어 놓아도 결론은 안 나는 것입니다.

경청에서 **빼놓을** 수 없는 포인트는 귀로만 듣지 말고 눈으로도 들으라는 것입니다. 미국 UCLA 대학의 메라비언 교수에 의하면 사람은 의사소통을 하면서 언어적인 부분은 7%밖에 차지하지 않고 나머지 93%는 비언어적인 부분이 차지한다고 합니다. 그러니까 무슨 말을 하느냐도 중요하지만 그 말을 할 때의 목소리나 표정, 제스처가 더 중요하다는 것입니다. 상대방이 말을 할 때 눈으로 관찰하면서 목소리 톤은 어떤지, 얼굴 표정은 어떤지, 몸짓은 어떤지를 살피면 말보다 더 중요한 메시지를 찾을 수 있습니다. 이것이 경청의 고수가 되는 법입니다.

전문적인 상담가의 조건 가운데에도 얼마나 좋은 해결책을 제시하느냐 이전에 얼마나 잘 들어 주느냐가 더 중요한 조건입니다. 자녀에게 훈계를 하더라도 일단 잘 들어주고 나서 훈계를 하면 훨씬 더 효과적입니다. 경청하는 부모에게 자녀는 더 신뢰를 보내고 마음을 열기도 합니다. 경청하는 부모에게 자란 아이들은 훨씬 자존감이 높습니다. 자존감을 키워주는 것은 사회성을 기르는데 매우 중요한 일입니다. 그런 일을 경청으로 할 수 있다는 것입니다. 워낙 말 재주가 없어서 아내와 무슨 말을 해야 좋을지 모르겠다는 남편일수록 경청만이라도 잘 실천해 보십시오. 아무런 문제 없이 소통하는 부부라고 인정 받을 것입니다.

사람에 따라서는 조금 다르게 해석하기도 합니다만, 커뮤니케이션의 가장 기초적이고 중요한 원칙으로 '**1-2-3 법칙**'이란 것이 있습니다. 이것은 한 번 말할 때, 두 번 듣고, 세 번 맞장구 치라는 의미입니다. 혹자는 1분 말할 때 2분 듣고 3번 맞장구 치라고도 합니다. 어쨌든 말하기 보다 듣기를 중요시 한다는 의미입니다. 입은 하나이지만 귀는 두 개인 이유를 생각하면 좋겠습니다. 먼저 Good listener가 됩시다. 누구의 말이라도 먼저 들어주는 사람이 됩시다. 그러면 그들도 우리의 말을 존중해서 들어줄 것입니다. 이것이 행복한 부부관계를 만드는 첫 걸음이 됩니다.

이제 말하기의 원리를 말씀 드리겠습니다. 오래 같이 산 부부들은 의외로 말을 거침 없이 거칠게 하는 경향이 있습니다. 그러다 보니 의도와는 달리 상대방의 감정을 거스르는 일이 생겨서 갈등을 유발합니다. 별다른 나쁜 의도는 없었는데 상대방이 화를 내거나 기분 나빠합니다. 이것은 말 자체의 문제가 아니라 말하는 태도의 문제입니다. 배우자를 배려하고 존중하는 분위기를 만들기 전에 생각나는 대로 말해버리면 이런 문제가 생기는 것입니다. 우리의 말투와 억양 하나에도 많은 감정이 실리게 됩니다. 따라서 상대방이 나의 말투나 표정 등에 실린 잘못된 감정을 먼저 받아들이지 않도록 부드럽게 대화를 시작해야 합니다.

말 다툼을 하더라도 일반적으로 공격하고 비난하는 말을 먼저 꺼내면서 포문을 열게 되면 여지 없이 상대방도 반격을 해옵니다. '도대체 왜 맨날 짜증을 내고 난리야? 뭐가 문제야?' 이런 식으로 공격적인 표현으로 시작을 하게 되면 상대방은 거의 '내가 뭘 어쨌다고 이래? 당신은 뭐가 문제라서 요즘 그러는데?' 라고 즉각적인 방어와 반격이 시작되는 것입니다. 아무리 옳은 말이라도 감정적으로 문제가 생기면 듣고 싶지 않은 것이 사람의 심리입니다.

이럴 때는 오히려 '내가 보기에는 요 며칠간 기분이 많이 언짢은 것 같은데, 이유가 뭔지 얘기 좀 할까? 라는 식으로 요청하는 투의 말씨를 보이십시오. 그러면 상대방도 '사실은 내가 봐도 내가 좀 우울한 내색을 했어'라며 대화에 응해올 것입니다. 그리고 이렇게 다가서고 받아주는 노력을 해야 합니다. 다툼이 있더라도 본질에서 벗어나면 답이 없습니다. 엉뚱하게 '당신은 결혼 초부터 알아 봤어야 했어. 속 알머리는 좁아터져 가지고…' 이런 식의 상대방의 인격적인 부분까지 건드리게 되면 당연히 '누가 할 소리를 하고 있어? 무식하기는 둘째가라면 서러울 인간이…' 하면서 역시 인격적인 반격으로 나옵니다. 과격하고 부정적인 감정이 앞서면 의도적으로 상대방을 자극하는 말을 하려는 심리가 발동하게 마련입니다. 그래서 나중에는 후회할 말도 그 당시에는 서슴없이 하는 것입니다.

　부부 사이의 갈등은 당사자가 아니면 모른다는 말이 있습니다. 겉으로 보기에는 아무 문제가 없어 보인다고 할지라도 당사자의 속은 시커멓게 타들어간 경우가 있습니다. 속도 모르고 '김 집사님은 좋겠어요. 박 집사님 같은 자상한 남편이 있어서…'라고 할 때 당사자인 김 집사는 속으로 말합니다. '당신이 한 번 살아봐~' 이것이 부부 사이입니다.

　부부 사이의 갈등은 그래서 당사자끼리 풀어야만 합니다. 제3자가 개입해서 될 문제가 아닙니다. 아니 분명히 한계가 있습니다. 따라서 부부 사이의 갈등 상황에서의 화법은 대단히 중요합니다. 대체로 갈등 상황이 되면 사람은 감정이 앞서게 됩니다. 그래서 상대방에게 화를 내거나 비난성의 말을 퍼붓기 쉽습니다. 그리고는 상대방이 자신이 무엇에 대해 화가 나고 무엇을 원하는지 알기를 바랍니다. 하지만 이런 식으로 하면 상대방은 단지 자신의 감정을 쏟아 놓는다고만 생각할 뿐입니다.

제 저서인 '천국시민의 행복한 세상살기'에서 소개한 내용의 일부를 알려드리겠습니다. 갈등 상황이 되면 가장 먼저 그 상황에 대해 구체적으로 묘사하는 것이 순서입니다. 무슨 일로 인하여 자신이 감정이 상했는지 그 상황을 말하라는 것입니다. 그런 다음에 그 상황으로 인하여 자신이 느끼는 감정을 솔직하게 표현하는 것입니다. 마지막으로는 자신이 상대방에게 원하는 바를 구체적으로 말하는 것입니다. 이런 3가지 요소를 활용하여 갈등 상황에서 대화를 한다면 좀 더 이성적으로 문제를 지적하고 상대방에게 원하는 바를 인식시키는데 도움이 됩니다.

당신은 저녁 식사하고 2시간 동안 TV앞에만 있었어요 −상황 언급

내가 설거지 하고 방 정리하는 것을 당연하다고만 여기는 것 같아서 서운해요 −감정 표현

음식물 쓰레기를 버려주든지 무엇 하나 도움을 주고서 TV를 본다면 좋겠어요 −요구 사항

교회에서도 봉사를 하느라 모인 자리에서 의견 충돌이 생길 수가 있습니다. 그리고 그런 일로 마음이 상하는 일도 있습니다. 때로는 말다툼으로 번지기도 합니다. 그럴 때도 이런 갈등 관리의 화법을 응용해 보는 것입니다.

이와 같이 대화를 나누면 어느 정도 상대방에게 이성적으로 자신의 의도를 전하고 감정적이지 않은 상황에서 갈등을 조절할 수가 있습

니다. 그런데 많은 경우에 이런 식으로 대화하기 보다는 '도대체 교회 봉사를 뭐라고 생각하는지 모르겠어. 같이 일하는 사람을 무시하는 거야 뭐야. 바쁜 일은 자기만 있는 줄 아나 봐?' 하면서 대체로 비난과 감정적 언어들이 쏟아져 나옵니다.

갈등의 상황은 대개 부정적인 분위기입니다. 그런 분위기에서는 단순히 서로의 감정만을 내세우기 쉽습니다. 상대방도 감정적인 표현이 날라오면 이성적으로 대꾸하기가 힘듭니다. 그러므로 부정적인 분위기가 상승작용을 하게 됩니다. 나이가 몇 살인데 그런 식으로 말하느냐고 나오기도 합니다. 한국 사회에서 나이를 들먹이면 얘기는 끝난 것입니다. 더 이상 이성적인 대화가 불가능해집니다. 부부 사이에도 마찬가지 입니다. 상대방 집안 얘기 나오고 결혼 전부터 어쨌다는 얘기가 나오기 시작하면 일은 걷잡을 수 없어집니다. 그래서 갈등 상황의 화법을 익히면 도움이 됩니다.

남녀의 말하기 습관의 차이를 아는 것도 중요합니다. 타고 나기를 남녀는 서로 다른 의사소통의 방식을 가지고 나왔습니다. 남자는 사실을 먼저 말합니다. 결론을 중시 여기는 태도가 강합니다. 그런데 여자는 느낌을 먼저 말합니다. 과정을 중시 여기는 점도 다릅니다. 그러니까 부부가 대화를 하더라도 서로 말하는 방식이 다르고 중요하게 여기는 초점이 다르다 보니 같은 상황을 가지고도 서로 다르게 표현하는 것입니다. 이렇게 달라서 답답함을 느끼기 시작하면 이제 감정이 상하게 되고 안 해도 되는 말까지 꺼내어 공격하게 됩니다. 산소가 통할 리가 없게 되니 소통은 물 건너 가는 것입니다.

예를 들어, 주말에 음식물 쓰레기를 버려 달라고 요청하는 아내에게 남편이 이따가 시간 봐서 하겠다고 합니다. 그러면 아내는 남편이 자신의 요청을 거절했거나 중요하게 여기지 않았다는 느낌이 들어서 즉각 불평을 합니다. 그러면 남편은 안 한다는 것이 아니라 이따가 한다는데 뭐가 불만이냐고 반격을 합니다. 아내는 느낌이 우선되니까 그 말을 한 것이고 남편은 분명히 이따가 한다고 했다는 사실에만 주목하는 것입니다. 따라서 무슨 말을 했느냐가 중요한 것이 아니라 그 말을 어떻게 했느냐가 더 중요한 것임을 알아야 합니다.

남자는 일반적으로 구체적으로 말을 해주어야 편안합니다. '당신이 알아서 사와'라는 말이 가장 어렵게 들립니다. 종류와 가격대와 용도 등을 구체적으로 말해주고 사오라고 심부름을 시켜야 이해가 되는 스타일입니다. 퇴근 길의 아내가 장을 봐오면서 남편에게 현관에서 짐을 들여놓아 달라고 요청하면 남편은 말 그대로 짐을 들어다 주방에 갖다 놓기만 합니다. 구체적으로 무엇은 어디에 넣고 무엇은 어디에 놓아 달라고 말하지 않으면 아내가 처음에 시킨 대로 들어다 놓기만 하는 존재인 것입니다. 잠시 후에 들어온 아내는 기가 막히다는 표정으로 남편을 쏘아보게 되지요. 생략이 많은 여자들의 표현법에 남편들은 익숙하지 않습니다. 그러니 말을 할 때에는 구체적으로 손에 꼭 쥐어 주듯이 말을 해야 합니다.

반면에 남편이 아내에게 말을 할 때에는 일의 전후 사정을 상세하게 알려주면서 왜 그 일을 해야 하는지의 배경도 설명해 주는 것이 좋습니다. 아내의 입장을 고려해 가면서 어떤 과정을 거쳐서 어떻게 일이 되어야 하는지를 설명해 주어야 아내는 만족합니다. 회사에서 하듯이 결론만 뚝 잘라서 말해주고 말 다했다고 돌아서면 아내는 성의 없이 말한다고 느낍니다. 아내의 감정을 확인해 가면서 이해 여부도 체크해 가면서 말을 해야 제대로 말을 한다고 생각하는 것이 아내의 입장입니다. 남녀는 이렇게 다른 것입니다.

여자는 남자의 허풍에 속는다.
남자는 여자의 외모에 속는다.

여자는 무드에 약하다.
남자는 누드에 약하다.

여자는 수다로 남자를 질리게 한다.
남자는 침묵으로 여자를 오해하게 한다

여자는 몰라도 되는 일에 지나친 관심을 보인다.
남자는 꼭 알아야 할 일에 전혀 관심이 없다.

여자는 남자의 감정을 느낌만으로 알 수 있다.
남자는 여자의 감정을 말해 줘도 모른다.

여자는 자기에게 관심을 보이는 남자에게 관심을 갖지만
남자는 무작정 여자에게 호기심을 갖는다.

여자는 방향을 모를 때 주유소에서 물어본다.
남자는 끝까지 헤매다가 기름이 떨어져서 주유소에 들르게 되면 물어본다.

여러분도 공감이 가십니까? 이런 남녀가 어느 날 결혼하여 부부가 되었다고 갑자기 둘이 서로 잘 통하게 된다면 그것이 이상한 일이지요. 그러므로 부부가 상호 잘 통하는 대화를 하려면 서로 어떻게 다른지를 알면 좋습니다. 이것은 경험으로도 알 수 있겠지만 관련된 지식을 쌓는 것도 필요합니다. 오랜 세월 동안 사람들의 기질적 특성을 연구하고 분석한 결과 9가지 기질의 유형을 정리한 에니어그램이라는 이론의 도움을 받을 수도 있습니다.

에니어그램은 조직에서의 리더십을 효과적으로 발휘하는 중요한 지침이 되기도 합니다. 부하 직원을 어떻게 코칭하고, 어떻게 업무 피드백을 하면 좋을지, 그리고 어떻게 동기부여하면 잘 통하는지 그대로 적용할 수 있습니다. 성과 지향의 역동적인 팀을 만드는 데 유용하게 사용될 수도 있습니다. 결국 사람을 움직이기 위해서는 소통해야 하는데 그 소통하는 길은 쉽게 보이지 않기에 어려운 것입니다. 그래서 보이지 않는 길을 보이게 하기 위해서는 서로를 잘 알아야 합니다. 알기 위한 좋은 방법 가운데 하나가 바로 에니어그램인 것입니다.

그런데 에니어그램의 아홉 유형을 알기 전에 먼저 각자의 "힘의 중심"을 찾는 것이 필요합니다. 각각의 힘의 중심은 신체 부위에 해당하는데, 심장, 머리, 장의 세 중심으로 나뉘게 됩니다. 물론 사람은 이 세 가지 힘의 중심을 모두 가지고 있지만 그 중 어느 한 가지 중심을 좀 더 지배적으로 사용하고 있습니다. 그리고 심장 중심은 감정중심, 머리 중심은 사고중심, 장 중심은 본능중심이라고 할 수 있습니다.

심장 중심의 사람들은 다른 사람이 자신을 어떻게 보는지에 관심을 둡니다. 둥글둥글한 체격과 매력적인 미소가 특징이고 업무보다는 사람 지형적입니다. 즉, 에너지를 마음을 주고 받는 인간관계에서 얻는 유형입니다. 이들은 분위기 중심으로 살아가는데, 그 언어적인 특징으로 본다면 **"느낌" "기분" "feel"** 등의 단어를 선호합니다. 그러니까 분위기가 무르익어야 이야기도 통하고 마음이 열리는 스타일입니다.

머리 중심의 사람들은 객관적인 사실에 주목하여 비교, 관찰, 분석하는 유형입니다. 대개는 가냘프고 빈약한 근육발달을 특징으로 볼 수 있습니다. 이들은 소극적인 경우가 많고 어떤 결정이 객관적, 논리적, 합리적인가에 관심을 둡니다. 근거와 이유를 중시하며 살아가고 언어적인 특징으로는 **"왜" "이유" "논리"**등의 단어를 선호합니다. 결국 이유가 타당하다고 판단되어야 마음을 여는 것입니다. 인생에서 의무와 책임을 중시하는 스타일입니다.

　　장 중심의 사람들은 현실을 머리나 가슴으로 통과 시키기 보다는 몸을 먼저 움직입니다. 대개 건장하고 잘 발달된 체격을 가지고 있습니다. 그리고 담력이 있고 본능과 배짱이 있으며 서열을 따지고 싶어합니다. 그래서 인생에서 자신의 영역에 대한 민감함을 보입니다. 이들은 태도와 경험을 중시 여기며 **"해보자" "할 수 있다" "지금 바로"**등의 단어와 친숙합니다.

〈 3가지 힘의 중심 〉

퇴근 후에 연락도 없이 밤새 안 들어오다가 새벽에 들어온 남편에게 잔뜩 화가 난 아내가 유형별로 보이는 반응은 어떻겠습니까? 한번 독자 여러분도 자신의 상황을 통해서 상상해 보시면 좋겠습니다. 심장 중심의 아내는 아무 탈 없이 들어 온 그 자체를 기뻐합니다. 그리고 안도의 한숨을 내쉬면서 자신이 밤새 얼마나 걱정했는지를 말합니다. 거의 울먹이는 목소리가 나옵니다. 바로 감정이 중심이 되는 스타일이기 때문입니다.

그런데 머리 중심의 아내는 왜 연락이 안되었는지 가장 먼저 따지고 묻습니다. 어디에서 뭐 했는지 말하라고 다그칩니다. 납득할 만한 이유를 대지 못하면 화가 안 풀립니다. 밤새 안 들어온 사실도 화가 나지만 왜 연락이 안 되었는지, 어디에서 누구와 있었는지가 더 궁금합니다. 그리고 논리적으로 합당한 이유가 아니면 절대 수긍하지 않습니다.

자, 그러면 장 중심 아내는 어떤 반응일까요? 그렇습니다. 다짜고짜 고함을 지르며 나가라고 윽박지릅니다. 전후 사정을 듣지도 않습니다. 일단 행동으로 보이고 나서 듣든지 말든지 합니다. 목소리도 매우 크게 냅니다. 피치 못할 사정이 있었음을 나중에 듣게 되면 그제서야 "진작 말을 하지 그랬어…"라고 아무렇지도 않게 말합니다. 정작 말도 꺼내기 전에 소리부터 지르고 난리 피우고서 말입니다.

이렇듯 서로 다름을 아는 것은 매우 중요합니다. 같은 말도 어떻게 해야 효과적인지 판단할 수 있는 근거가 됩니다. 사람은 저마다 타고난 기질적 성향이 있습니다. 따라서 자신도 모르게 그 기질의 특성대로 말하고 행동합니다. 그리고 남들도 다 그런 줄로 생각합니다. 그래서 전혀 다른 기질을 가진 사람이 본인에게 이해가 안 간다고 말을 해 주면 그제서야 남들을 살펴보기 시작합니다. 그 전까지는 자신이 남들과 무엇이 어떻게 다른지를 모릅니다. 그리고 단지 남들과 잘 안 맞는다고 불편해 하거나 다른 사람들을 탓합니다. 성숙한 사람은 자신의 기질적 특성대로 사람을 대하지 않습니다. 반대로 상대방의 특성을 파악하고 거기에 맞추어 대합니다. 상대방의 눈 높이에 맞추는 자세는 어떤 일에도 효과적입니다. 부부 사이가 아니더라도 자녀와의 관계 형성에도 꼭 필요한 것이고 사회에서의 대인관계에서도 중요한 요소입니다.

오래 전에 텔레비전에서 방영 되었던 '대장금' 이라는 드라마가 있습니다. 드라마 속에서 한 상궁과 최 상궁이 최고 상궁 자리를 놓고 경합을 벌이게 되었습니다. 경합의 주제는 '밥 짓기' 입니다. 누가 더 밥을 잘 짓나를 보는 것입니다. 요리를 하는 사람의 가장 기본이 되는 밥 짓기 실력을 겨루는 것인데 이것은 간단하기도 하지만 어쩌면 가장 어려운 경합이 될 수도 있는 것입니다. 두 사람 모두 심혈을 기울여 밥을 지었고 그들이 지은 밥을 여러 상궁들이 시식을 해 보고 나서 더 잘 지었다고 생각되는 밥이 누구의 솜씨인지로 최종 승패를 가르는 것입니다. 긴장감이 감도는 가운데 그 결과가 발표되었는데 한 상궁이 이겼습니다. 모두들 다시 한 번 놀라는 가운데 왜 한 상궁의 밥이 더 잘 지어진 것인지를 알아보는 시간이 있었습니다.

시식을 하고 평가에 참여했던 상궁들이 말하기를 최 상궁의 밥도 흠 잡을 곳 없이 잘 지었지만 자신들의 입맛에는 한 상궁의 밥이 더 잘 맞았다는 것입니다. 어떤 이는 좀 진듯한 밥을 선호했고 또 어떤 이는 좀 된듯한 밥을 선호했는데 한 상궁의 밥은 그런 모두의 입 맛을 이미 파악하고 있었는지 제대로 맞추었다는 것입니다.

중전이 한 상궁에게 어찌 된 일인지 질문을 합니다. 한 상궁은 이미 어릴 때부터 함께해 온 사이기에 평가에 참여한 모든 상궁들의 입맛을 파악하고 있었고 거기에 맞추어 밥을 지었다는 대답이었습니다. 당연히 한 상궁에게 최고상궁 자리가 돌아가고 경합의 잡음은 모두 가라 앉게 되었습니다.

결국 이번 경합의 승패는 두 사람의 밥 짓기 실력의 차이로 인한 것이 아니라는 것입니다. 두 사람의 밥 짓기 실력은 사실 거의 비슷했을 것입니다. 밥 짓기 실력의 차이가 아니라 밥 짓기 실력을 발휘하는 방법의 차이 때문에 승패가 갈린 것입니다. 최 상궁은 단지 최선을 다하여 밥을 지은 것뿐이지만, 한 상궁은 밥을 짓되 그 밥을 먹어 볼 상대방의 입맛을 고려하여 입맛을 맞춘 것이 차이인 것입니다. 소위 눈 높이를 맞추었기 때문에 승리한 것입니다. 상대방을 파악하고 상대방을 배려하는 자세가 위력을 발휘하는 것입니다.

세상을 살아가는 이치가 이런 것입니다. 무엇을 하든지 자신을 기준으로 하는 것이 아니라 상대방을 기준으로 행동하는 것이 중요한 것입니다. 말을 하든 어떤 결정을 하든 행동을 하든지 상대방의 입장을 한 번 생각해 보고 하는 것이 바로 배려입니다. 내가 이렇게 행동하면 상대방은 어떻게 생각할까를 한 번 더 생각해 보는 것입니다. 아무 생각 없이 자신의 생각과 습관대로 행동하면 상대방이 뜻하지 못한 상처를 받게 되는 일이 있을 수가 있음을 알아야 합니다. 이래서 의외의 갈등이 생기기도 합니다. 현명하고 성숙한 대화법을 익혀서 부부가 행복하고 건강하게 가정의 중심을 세워가길 응원하고 기도합니다.

2 자녀 바로 세우기

1) 자녀를 훈육하는 방법

잠언 22장 6절의 말씀은 부모로서 자녀에게 어떤 역할을 해야 하는지를 잘 보여주는 구절입니다. '마땅히 행할 길을 아이에게 가르치라 그리하면 늙어도 그것을 떠나지 아니하리라' 또한 신명기 6장 7절에는 '네 자녀에게 부지런히 가르치며 집에 앉았을 때에든지 길에 행할 때에든지 이 말씀을 강론할 것이며' 라고 했습니다. 부모는 하나님께서 가정에 보내신 대리인입니다. 청지기라는 것입니다. 그러므로 하나님의 자리를 넘보고 주인행세를 하면 안 되는 것입니다. 그러나 하나님이 허락하신 권위를 바탕으로 성실하고 지혜롭게 자녀를 양육해야 합니다. 여기에는 거룩한 사명 의식이 있어야 합니다. 내 마음대로, 내키는 대로 해서는 안 될 것입니다.

1984년 미국의 라이언 화이트라는 13세 소년은 수혈 도중에 에이즈에 감염된 피를 사용하는 바람에 에이즈 환자가 되었습니다. 이 사실이 언론에 알려지면서 많은 사람들이 관심을 가졌습니다. 당시의 레이건 대통령도 직접 소년을 방문하여 위로했고 세계적인 팝 가수인 마이클 잭슨도 찾아갔습니다. 결국 소년은 18세의 나이로 세상을 떠나게 되었는데, 아버지와의 마지막 대화가 알려지면서 사람들을 감동시켰습니다.

　이제 더 이상 어떻게 할 수 없는 상황이 되자 아버지는 아들에게 미안한 마음을 전했습니다. 그러자 소년은 '아버지는 이미 저에게 소중한 선물을 주셨잖아요. 예수님을 알게 해주셨으니까요. 저는 이제 영생을 얻었으니 아버지께 감사해요.' 라고 말하고 천국으로 갔습니다. 자녀에게 이런 말을 들을 수 있었던 것은 아버지의 훌륭한 양육 때문이었습니다. 부모가 자녀를 어떻게 키우는 지는 이처럼 중요한 것입니다.

　저는 앞에서 이미 지팡이와 막대기의 원리를 말씀 드렸습니다. 여기에서는 조금 더 상세하게 보완하여 몇 가지를 추가하고 싶습니다. 우선 부모가 자녀를 가르친다는 것은 일회성이 되어서는 안 된다는 것입니다. 가르친다는 것은 자녀가 충분히 몸에 익힐 때까지 지속적으로 행하는 것을 말합니다. 따라서 말로 하는 잔소리와는 분명히 구분해야 합니다. 많은 부모들이 잔소리를 하면서 가르쳤다고 착각합니다. 그런데 아이들이 가장 싫어하는 것이 부모의 잔소리입니다. 잔소리는 아무런 효과도 없고 부모와의 거리감만 벌려 놓습니다.

　온전한 가르침은 명확한 기준을 가지고 반복하는 것이고 직접 보여주는 것이며 익숙할 때까지 지켜보고 교정해 주는 것을 포함합니다. 이런 일련의 과정을 일관되게 유지하고 지키게 하는 것이 가르친다는 의미입니다. 필요에 따라서는 막대기의 원리로 강하게 제재를 가할 때도 있어야 합니다. 특히 사춘기가 되기 이전에 확고하게 자녀의 긍정적인 자아상을 키워주면서도 제멋대로의 의지가 뿌리 내리지 못하도록 잡아주는 일은 매우 중요하다고 했습니다. 여기에는 부부의 합의와 일관된 모습이 필요합니다. 자녀 양육과 훈계의 원칙을 합의하지 않으면 부부 사이마저 벌어지게 됩니다.

그리고 분명한 선을 자녀에게 알려 주어야 합니다. 어디까지는 허용이 되며 어디까지는 안 되는 것인지를 알려 주어야 합니다. 그때그때 기준이 달라지면 안 됩니다. 'No! 라고 말할 줄 아는 자녀 양육' 이라는 책에 의하면 되는 것과 안 되는 것을 '경계' 라고 했습니다. 그 경계는 자녀를 강제적으로 어떻게 하라는 것이 목적이 아니라 자기 행동의 결과를 경험해서 스스로 책임감 있고 주의력이 있는 아이로 자라게 하는 것이 목적이라고 말합니다. 건강한 사회인으로 자라게 하려면 책임감을 가르쳐야 합니다. 그러기 위해서는 명확한 경계를 알려주어야 한다는 것입니다.

자녀가 어릴수록 이런 훈련은 필요하며 효과적입니다. 엄하든지 느슨하든지 하나만 택하라면 저는 엄한 쪽을 택하라고 권하고 싶습니다. 이것은 많은 크리스천 교육 전문가들의 견해이기도 합니다. 물론 그 엄한 것을 상처로 받아들이지 않고 충분히 수용할 수 있도록 꾸준한 애정을 쏟아서 긍정적인 관계를 만드는 것이 선행되어야 합니다. 그리고 먼저 엄하다가 나중에 느슨하게 해주는 것이 순서에 맞습니다. 어릴 때는 무엇이든지 허용하다가 점점 자라면서 제한을 두게 되면 부작용이 심합니다. 또한 집에서 엄격한 규제를 받아보지 못하고 자란 자녀는 성장하여 사회에 진출해서 문제가 됩니다. 선배나 상사의 규제나 질책을 힘들어 하고 견디지 못하는 일이 많습니다. 요즘 신입사원 교육을 가보면 능력은 뛰어난데 인내심이 부족하다고 누구나 말합니다. 저는 이것이 그냥 생긴 현상이 아니라고 생각합니다. 가정에서의 양육 태도가 이렇게 만든 것입니다. 가정에서 바로 잡아주지 못하면 학교나 사회에서는 피차가 더 힘이 듭니다.

그런데 자녀를 훈계할 때에 좀 더 효과적으로 하려면 다음의 원칙을 지키도록 하는 것이 좋습니다. 가장 힘들지만 중요한 것은 화내지 않고 훈계하는 것입니다. 대개는 잘못을 보게 되면 화가 납니다. 그래서 표정이 험악해 지기 쉽고 목소리도 커집니다. 심하면 욕도 합니다. 그런데 이것은 잘못된 방법입니다. 저 역시도 처음에는 참다 참다 잘못이 반복되니까 화를 내고 언성을 높이며 욕도 했습니다. 물론 매를 들기도 했습니다. 그래서 강의를 위해서 집을 떠나서 연수원에 묵을 때에 그 전 날의 일들이 가슴에 걸려서 혼자 베개를 끌어안고 울기도 했습니다. 하지만 나중에 배우고 깨닫게 되면서 일단 화를 내지 않고 평정을 유지하려 애를 씁니다. 그리고 단호하고 짧게 야단을 칩니다. 절대로 길게 말하지 마십시오. 이것 역시 잔소리가 됩니다. 자신의 지난 날을 모조리 되짚으면서 하소연과 한탄을 하는 부모도 있습니다만 이것은 매우 안 좋은 모습입니다.

그런데 참는다는 것은 두고 보자는 식으로 나중에 불러서 야단치라는 것이 아닙니다. 잘못은 즉시 구체적으로 말해야 합니다. 그리고 반드시 대안을 제시하면서 해야 합니다. 막연히 '똑바로 해라' 혹은 '알아서 해라, 두고 보겠어' 등의 표현은 자녀를 불명확한 상태로 유도하기 때문에 효과가 없습니다. 또한 야단치는 환경도 고려해야 합니다. 가능하면 따로 불러서 말하는 것이 좋습니다.

제 큰 아이가 초등학교 3학년 즈음에 길가의 문구점 앞에 있는 오락기에 빠져서 살았던 적이 있습니다. 제가 근처를 지나가다가 여러 번 발견하고 주의를 주었지만 그 때는 전혀 효과가 없었습니다. 그래도 제가 잘했다고 생각하는 것은 반드시 따로 불러서 야단을 쳤다는 것입니다. 그 장소에서 바로 야단을 치면 같이 있던 친구들이 다 보는 앞이라 아이의 체면을 살려주면서 야단을 쳐야겠다고 생각을 했기 때문입니다. 그런데 지금 그 아이가 고3이 되었는데 그 때의 일을 기억합니다. 그리고 그 때 친구들 앞에서 혼내지 않은 것을 고마워합니다.

많은 부모들이 화를 내는 것과 훈계를 하는 것을 구분하지 못합니다. 자신의 성질에 못 이겨서 야단을 치고 소리를 지르거나 매를 든다면 그것은 화를 내는 것입니다. 하지만 냉정을 유지하고 단호하되 명확하게 지적하고 교정하는 것은 훈계하는 것입니다. 처음부터 잘 되지는 않겠지만 이런 부모가 되도록 노력해야 합니다. 부부가 서로 도와주면서 이렇게 훈계하는 가정을 만드십시오.

자녀 훈계의 3단계 화법을 익히시면 좋겠습니다. 그것은
1단계 부모의 감정 상태를 설명한다
2단계 자녀의 잘못된 행위를 구체적으로 말한다
3단계 고쳤으면 하는 대안을 말한다의 순서입니다.

일반적으로 게임에만 빠져 있는 자녀에게 이렇게 말합니다. '어떻게 눈만 뜨면 게임이냐? 내가 정말 못살겠다. 한 번만 더 걸리면 컴퓨터를 그냥 확 없애버린다!' 저도 한 때 이렇게 윽박질렀지만 결국 컴퓨

터는 여전히 있습니다.

방금 소개한 3단계 화법으로 말해 보십시오.
1단계 벌써 여러 시간 컴퓨터를 하고 있어서 엄마는 화가 나 있어.
2단계 안 그러겠다고 하고서 3시간째 그러고 있는 것은 잘못이지.
3단계 과제물 준비하고 할 일 다 한 다음에 한 시간만 하도록 해라.

한 가지 덧붙일 것은 자녀를 야단칠 때라도 반드시 대화가 가능해야 한다는 것입니다. 그러니까 일방적으로 부모가 자녀를 몰아세우지 말고 일단 자녀의 말을 들어보고 나서 할 말을 하라는 것입니다. 법정에서도 변론의 기회를 주는 법인데 하물며 가정에서 자녀에게 아무리 잘못이 크더라도 생각이나 이유를 말할 기회를 안 주면 어떻게 되겠습니까? 입이 열 개라도 무슨 할 말이 있느냐고 오히려 말을 하려고 할때 말을 자르고 윽박지르면 감정 조절도 안 되고 자녀는 마음의 문을 닫게 되기도 합니다. 거듭 강조하지만 훈계하고 심지어 매를 사용하더라도 목적을 분명히 해야 합니다. 야단치고 매를 대는 자체가 목적이 아닙니다. 자녀를 미래지향적으로 교정하고 성장하도록 하는 것이 목적인 것입니다.

만약에 부모가 야단치는 과정에서 잘못한 일이 생긴다면 반드시 사과를 해야 합니다. 부모도 자녀에게 미안하다거나 잘못했다고 말할 수 있어야 합니다. 이것은 부모의 권위를 손상시키는 일이 아닙니다. 오히려 용기 있는 행위입니다. 솔직하고 용기 있게 사과하는 부모에게 자녀는 신뢰감을 느낍니다. 그리고 자녀 자신도 용기 있게 인정할 것은 인정하고 사과할 것은 사과하도록 배우게 됩니다. 아이들은 삶으로 가르친 것만을 배우고 기억하는 법입니다.

최근의 교육 트렌드는 긍정적인 부분을 강조하는 것입니다. 통제하고 지시하던 과거의 패턴에서 벗어나자는 것입니다. 저 역시 그 취지에 전적으로 공감합니다. 그리고 실제로 제 아이들에게도 충분히 자율권을 주고 있습니다. 함께 살고 있는 제 노모께서 걱정할 정도로 아이들의 의견과 요구를 존중하고 많이 들어줍니다. 창의적 시대에 맞는 인재 양성의 방향에도 그것이 맞습니다. 하지만 그렇다고 원칙도 규범도 없는 무조건적인 자유가 좋다는 것은 아닙니다. 분명한 프레임과 합의된 규범 안에서의 자유가 진정한 자율인 것입니다. 그게 아니면 자율을 빙자한 방종이 됩니다. 이것을 구분해 주는 것이 부모 리더십의 역할입니다.

강한 조직은 자율이 살아 있습니다. 프로 구단의 감독마다 각각 리더십 스타일이 다릅니다. 그런데 공통적인 것은 선수들을 존중하고 인정하며 자율권을 주는 팀이 강한 팀이 된다는 것입니다. 하지만 여기에서의 자율권도 명확한 규범 안에서의 자율입니다. 오히려 선수들 스스로가 무엇을 지켜야 하는지를 더 잘 알고 실천합니다. 거기에서 진정한 파워가 나오는 것입니다. 감독이 스파르타식으로 몰아 부치지 않더라도, 인격적으로 억압하고 누르지 않더라도 자발성을 바탕으로 선수들이 움직이게 만들어 주기만 해도 감독 역할은 훌륭하게 한 것입니다. 그런 팀이 강한 팀이 됩니다. 결코 아무렇게나 하고 싶은 대로 놔두는 팀이 강한 팀은 아닙니다.

로마서 12장 2절에는 '너희는 이 세대를 본받지 말고 오직 마음을 새롭게 함으로 변화를 받아 하나님의 선하시고 기뻐하시고 온전하신 뜻이 무엇인지 분별하도록 하라'고 했습니다. 크리스천 가정은 세상의 믿지 않는 가정과는 달라야 합니다. 가장 기본적으로 삶의 가치 기준이 달라야 합니다. 세상적인 환경에 휩쓸려 살아 가서는 안 됩니다. 그런 가정을 만들려면 부모가 먼저 변화되어야 합니다. 자녀에 대한 훈육의 방법도 달라져야 합니다. 그리고 하나님의 뜻대로 자녀를 양육하여 떠나 보내야 합니다. 그래서 올바른 훈육으로 자녀의 갈 길을 안내해야 하는 것입니다.

훈육의 원칙과 결단 없이 그저 좋은 게 좋은 것이라는 태도로는 이 세대를 본받지 않고 주의 길을 따라가는 자녀로 키울 수가 없습니다. 항상 좋은 말만 듣거나 좋은 말만 하고 살 수는 없습니다. 부모는 자녀가 잘 되게 하는 존재이지 무조건 잘해 주기만 하는 존재가 아닙니다. 여러분은 자녀에게 있어서 잘해주는 부모이고 싶습니까 잘 되게 해주는 부모이고 싶습니까? 깊은 성찰이 필요할 것입니다.

2) 자녀와의 행복한 대화법

어느 날 아빠가 사춘기 아들을 불렀습니다. 사춘기 아들을 둔 아빠로서 늦기 전에 성교육을 해야겠다고 생각한 것입니다. 그래서 진지하게 대화를 해야겠다고 생각하고 아빠가 말문을 열었습니다. '아들아, 너도 이제 때가 되었으니 성에 대해서 알아야 하겠지. 아빠하고 성에 대해서 이야기를 좀 하자' 라고 했습니다. 그러자 아들은 귀찮다는 표정으로 말했습니다. '아빠, 궁금 한 게 뭔데요? 물어보세요, 다 알려 드릴게요.' 하더랍니다. 요즘 아이들이 오히려 아빠를 가르치려고 합니다. 대화가 중요하다고 알고는 있지만 정작 대화의 시간도 부족하고 대화의 방법도 모릅니다. 알더라도 머리로만 알고 있지 실천할 수 있는 것인 아닌 경우가 많습니다.

자녀와의 대화는 매우 중요합니다. 아무리 바빠도 시기를 놓치지 않도록 대화의 시간을 만들어야 합니다. 현대인의 삶 속에서 부모와 자녀가 대화할 시간을 찾는 것은 쉽지 않습니다. 아이들 스케줄이 장난이 아니게 빡빡하기 때문입니다. 초등학교 고학년만 되어도 부모와 자녀가 함께 여행할 일정을 만들기 조차 힘이 듭니다. 그 때부터는 아이들 일정에 부모가 맞춰야만 가능하게 됩니다. 이런 상황에서 자녀와의 대화 시간을 갖기란 좀처럼 쉽지 않습니다. 그래도 만들어야 합니다. 너무 욕심내어 긴 시간을 마련하려 하지 마십시오. 너무 공식적인 분위기를 연출하려고도 하지 마십시오. 일상의 생활 속에서 틈틈이 자주 시간을 내는 것이 좋습니다.

가장 좋은 것이 식사 시간입니다. 일주일에 언제가 되든 가족이 함께 식사하는 시간을 마련해 보십시오. 의도적으로 이 날은 가족이 함께 식사를 하는 날이라고 정하고 알려 주십시오. 미리 합의를 하지 않으면 자녀들도 나름의 약속과 일정이 있어서 맞추기가 어렵습니다. 이것도 일방적으로 발표하거나 통보하는 식으로 하지 말고 자녀들의 형편을 살피면서 합의하시기 바랍니다. 그리고 약속을 지켜서 함께 식사를 하는 것입니다. 필요하면 외식을 하는 것도 좋습니다.

가족이 식사를 하면서 대화를 할 때는 너무 무거운 주제를 다루지 않도록 하십시오. 특히 성적이나 공부 얘기는 피하는 것이 좋습니다. 밥 먹으면서도 아빠는 공부 얘기만 한다고 불만을 나타내게 되면 다시는 식사도 함께 하려고 하지 않습니다. 자연스럽게 자녀의 생활 속에서 있었던 이야기를 건드리고 들어주는 것입니다. 자녀가 부모와 이런저런 이야기를 나누는 관계를 만드는 것이 중요합니다. 너무 욕심을 내어 가르치거나 교훈적인 시간을 만들려고 하지 말라는 것입니다. 관계 형성이 되지 않으면 대화가 되지 않기 때문입니다.

이때 부모는 앞에서 언급한 부부간의 경청의 스킬을 활용하여 충분히 들어주십시오. 부모는 본능적으로 가르치거나 교정해 주려고 할 수 있습니다. 하지만 참으시고 그저 들어주고 맞장구 치는 것이 좋습니다. 그러면서 아이들과 눈 높이를 맞추게 됩니다. 그럴 수도 있겠구나 하면서 공감대를 형성해 나가는 것입니다. 그러면 자연히 아이들과 대화의 주제가 많아지게 됩니다. 그리고 아이들은 부모에게 이야기를 해도 다 들어주고 반응해 주니까 더 깊은 이야기도 꺼내게 됩니다.

저의 경우는 아들이다 보니까 자주 함께 목욕탕에 갔습니다. 목욕을 하면서 등도 밀어주고 사우나도 하면서 가벼운 이야기를 했습니다. 자연스럽게 남자의 신체적 변화도 얘기하게 되었습니다. 저의 경험을 이야기하면서 아이들은 어떤지도 듣게 되었습니다. 신체 접촉을 하면서 대화를 하니까 친밀감이 생깁니다. 한 시간 동안 함께 시간을 보내면서 유대감도 키웠습니다. 이렇게 함께 얼굴을 맞대고 대화할 기회를 찾으면 생각보다 많은 기회가 있음을 알게 됩니다. 매너리즘에 빠져서 우리 가정은 원래 이렇다고 포기하면 영원히 대화의 시간과 기회는 오지 않습니다.

자녀의 이야기를 들을 때에는 집중해서 들어야 합니다. 가령, 신문이나 컴퓨터 모니터를 보면서 귀로만 듣는 것은 좋지 않습니다. 자녀들이 이야기를 할 때 부모가 어떤 태도로 듣는가에 따라서 자녀는 대화에 대한 이미지를 결정합니다. 그리고 자녀들도 타인들과 대화하면서 그대로 따라서 하기 쉽습니다. 중요한 것은 반드시 눈을 돌려서 시선을 주고 들으라는 것입니다. 설거지를 하면서 귀로 들을 수도 있겠지만 제대로 듣기 위해서는 하던 일을 멈추고 얼굴을 마주하면서 들어야 합니다. 그러면 아이는 자신을 존중하고 제대로 듣는다고 여기게 됩니다. 그런데 일을 하면서도 다 듣고 있으니까 그냥 말하라고 한다면 아이는 점점 대화에 흥미를 잃게 되고 자신에게 관심이 없다고 여깁니다.

반복해서 말씀 드리지만 말하기보다 듣기가 더 중요하고 어려운 일입니다. 만약에 바쁜 일이 있는데 아이가 이야기를 한다면 차라리 일을 마치고 조금 이따가 다시 이야기를 하자고 양해를 구해야 합니다. 건성으로 듣는다고 느끼게 하지 말라는 것입니다. 다른 사람과 이야기를 하는 도중에 말을 걸어오면 어른들이 이야기 하는데 끼어든다고 야단치지 말고 일단은 가볍게 응대해 주고 나중에 다시 이야기하자고 알려주어야 합니다. 간단히 응대할 내용이 아니면 지금은 어른끼리 할 이야기가 있으니까 잠시 후에 바로 들어주겠다고 순서를 주지시키는 것이 필요합니다. 경청을 잘 해야 한다는 생각에 아무 때나 불쑥 어른 이야기에 끼어드는 것도 허용하라는 것은 아닙니다.

자녀의 이야기를 들을 때는 내용에만 신경 쓰지 말고 아이의 감정을 관찰하는 것이 중요합니다. 이야기의 의도와 배경을 파악하고 아이의 느낌이 어느 방향으로 흐르고 있는지를 확인해서 반응해 주어야 합니다. 너무 사실 중심으로만 경청을 하면 정작 중요한 대화의 맥락을 놓치는 일도 생깁니다. 이것은 올바른 소통이 아닙니다. 아이의 입장이 되어서 감정을 느끼고 맞장구 치면서 확인하는 경청의 스킬이 효과적입니다. 일단 경청에 성공하면 자녀와의 대화 스킬은 대부분 큰 문제가 없게 됩니다.

자녀와의 대화에서 주의해야 할 부분은 판단하고 지시하고 설교하는 투의 말하기는 피하라는 것입니다. 이런 말투는 어른들도 싫어합니다. 심하면 비난하고 무시하는 말을 하는 부모도 있습니다. 이런 말에 노출된 아이들은 밖에 나가서 훨씬 더 폭력적이 됩니다. 부모에게 인정 받지 못하고 억압 받는 상황을 폭력으로 해소하려는 욕구가 나오기 때문입니다. 따라서 행복한 부부가 되기 위하여 부드러운 말투로 시작하듯이 자녀들에게도 위협이나 공포감을 주지 않는 부드럽고 따뜻한 말투가 좋습니다. 원래부터 말투가 투박하고 잔 정이 없다고 말하는 아버지들이 특히 유념해야 할 부분입니다. 원래부터 그런 것이 아니라 훈련이 안 되어 그런 것입니다.

'야, 너 한 번만 더 그러면 죽는다' '방 청소 좀 똑바로 하라고 그랬지? 말 안 들어?' '제발 공부 좀 해라. 그러다가 뭐 먹고 살려고 그러냐?' '어이구, 하는 일이 그렇지 뭐' 이런 투의 말하기는 빨리 고쳐야 합니다. 전혀 효과도 없고 교육적이지도 않습니다. 아이의 마음에 상처를 남기고 반발감만 키워줄 뿐입니다. 그들은 어른이 되어서도 자신의 자녀에게 똑같이 대할 가능성이 높습니다. 지독하게 엄하고 규율을 강조하며 폭력적이기까지 한 아버지의 어린 시절을 분석해보면 어린 시절에 부모로부터 따뜻함을 느껴보지 못했거나 언어 폭력의 분위기에서 자란 경우가 많습니다. 이런 폭력적이고 강압적인 말투도 대물림이 되는 것입니다.

자녀에 대한 말하기는 권유형이나 제안형의 말투가 좋습니다. '이것을 저리로 옮겨줄래?' '먼저 공부하고 나서 게임을 하는 것이 좋겠는데?' '그런 행동은 그만 두면 좋겠다' 등의 표현으로 바꾸는 것입니다. 훨씬 더 부드럽고 정이 느껴지는 말투입니다. 아이들은 부모의 말투에 대단히 민감합니다. 다정하면서도 일관된 부모의 대화 패턴을 보여 주는 것도 많은 대화를 하는 것 이상으로 중요한 일입니다. 마치 직장에서 부하 직원을 대하듯이 지시하고 점검하고 야단치는 부모와는 대화가 단절이 되기 쉽습니다. 혹시라도 가정에서 아이들과 대화할 때 자신도 모르게 사무적이고 성의 없는 모습은 없는지 돌아보기 바랍니다. 부부가 함께 대화의 패턴을 챙겨주면서 자녀와의 대화를 이끌어가도록 해보시기 바랍니다.

행복한 가정에는 ABC가 있습니다. 먼저 Appreciation(감사)입니다. 작은 일에도 가족끼리 감사를 표현하는 것입니다. 일반적으로 가족간에 감사의 말을 하는 경우가 드뭅니다. 당연한 일이라는 생각 때문입니다. 하지만 가족이라도 항상 감사를 말로 표현하고 주고 받는 것은 유대감을 강화하고 감사를 몸에 익히는 데 좋은 훈련이 됩니다. 저희 집에서는 이런 감사의 표현을 의도적으로 했습니다. 아이들이 심부름을 하거나 물을 떠다 주었을 때에도 고맙다고 감사를 표현했습니다. 너무 어색해 할 필요는 없습니다. 자연스럽게 '고마워' 라고 해도 되고 가끔은 '땡큐' 라고 해도 됩니다. 부부간에도 이것은 마찬가지입니다. 저녁 먹고 과일이라도 내오면 아내에게 '땡큐' 라고 한 마디만 해주면 됩니다. 빨래를 널어준 남편에게 '고마워요' 라고 하면 됩니다. 그러면 아이들도 자연히 '감사합니다' 가 몸에 배게 됩니다.

그 다음엔 Bible(성경)입니다. 가정의 삶 속에서 자연스럽게 성경 이야기가 나오도록 하는 것입니다. 아이들에게도 '하나님의 기준으로 본다면 어떻게 하는 것이 좋을까' 라거나 '성경에 보면 이런 얘기가 나오는데…' 하면서 자연스럽게 대화하듯이 성경 이야기를 활용하는 것입니다. 적절한 비유나 예화를 통하여 대화 가운데 성경을 화제로 삼는다면 성경적인 기준과 바탕으로 양육하면서 성경 지식도 전수할 수 있으니 일석이조의 효과입니다. 이것은 부모 스스로가 성경적인 가치관으로 살아가는 데 큰 도움이 됩니다.

마지막으로는 Communication(소통)입니다. 소통과 대화는 관계를 말합니다. 어느 가정이든지 소통이 없이는 건강하고 행복한 관계를 만들지 못합니다. 숨이 막히는 가정에서 행복한 열매가 맺힌다는 것은 불가능합니다. 그 소통의 원활함을 위해서 우리는 지금까지 경청과 말하기의 원리를 다룬 것입니다. 가정은 가족 구성원이 함께 비전을 나누고 행복을 느끼는 곳이어야 합니다. 단순한 공간적 개념을 넘어선 곳입니다. 이런 가정의 행복을 위해서는 구성원 사이에 물 흐르듯이 흐르는 소통과 대화가 있어야 합니다. 양적으로나 질적으로 바람직한 소통의 장을 만들어야 행복한 가정이 되는 것입니다.

어떤 커뮤니케이션 전문가라도 빼놓지 않고 제시하는 중요한 말하기의 포인트는 'I 메시지' 화법일 것입니다. 이것은 'You 메시지' 화법의 반대되는 개념인데 긍정적이고 공감적인 대화를 이끌어 가는 데 아주 효과적인 방법입니다. 서로 의견이 달라서 다투거나 갈등 상황이 되었을 때에도 유용한 화법입니다. 일반적으로 우리는 You 메시지에 익숙합니다. 우리가 하는 말을 가만히 분석해 보면 대체로 '당신은 말이야…' '너는 왜 자꾸만…' 이런 식으로 대화의 주어가 상대방을 지칭하는 말투가 많습니다. 이것은 상대방을 공격하는 분위기를 만들기 쉽고 상대방을 압박하는 느낌을 주어서 부정적인 대화로 이어지게 됩니다. 대화의 초점이 항상 상대방에게 맞춰지도록 하는 화법인 것입니다.

그런데 'I 메시지'는 말하는 사람 자신에게 초점을 맞추는 것을 말합니다. 자신의 생각과 감정을 표현하면서 객관적으로 의사 표현을 하는 것입니다. 그래서 듣는 사람이 덜 공격적이라고 느낍니다. 당연히 부정적인 분위기로 빠지지도 않습니다. '내가 보니까 말인데…' '내 생각에는…' '네가 이러니까 내가 걱정이 되기 때문에…' 이런 식으로 나에게 초점을 맞추어 대화하는 것입니다. 의도적으로 나에게 초점을 맞춘다고 생각하고 말을 조금만 바꾸어 보십시오. 한 번 말하기 위해서 세 번 생각하라는 말도 있습니다. 조금만 신경을 쓰면 누구나 할 수 있는 화법입니다. 대화가 세련되어 지기도 합니다.

'I 메시지'를 잘 활용하기 위한 공식이 있습니다. 이 공식을 활용하여 연습한다면 어렵지 않게 'I 메시지'를 활용하게 될 것입니다. 그 공식은 '행동 – 결과 – 느낌'의 3단계로 말을 하면 됩니다. 가장 먼저는 상대방의 행동을 언급하는 것입니다. '네가 물건 정리를 안 해서…' '네가 자꾸만 지각을 해서…' 등의 표현이 행동을 언급한 것입니다. 그리고, 이어서 그 행동의 결과를 말하면 됩니다. '내가 필요한 자료를 찾을 수가 없었다' '너의 학교 생활에 문제가 생겼다' 등의 표현이 되겠습니다. 마지막으로는 그 결과로 인한 나의 느낌을 말하는 것으로 마치면 됩니다. '내가 기분이 상했다' '내가 불안하고 걱정이 된다' 이렇게 순차적으로 말을 한다면 훨씬 더 안정감 있고 공감적인 대화가 될 것입니다. 사실 별로 어려운 기술도 아닌데 우리가 익숙하지 않을 뿐입니다. 익숙함은 반복을 통해서 얻을 수 있습니다. 자신의 입장과 감정을 솔직하게 전달하면서도 상대방을 압박하지 않는 화법인 'I 메시지'를 적극 활용하여 대화에 적용해 보시기를 권해드립니다.

자녀와의 대화에서 적용할 수 있는 또 하나의 화법으로 '감정 대화'를 소개합니다. 이 대화법은 상대방의 문자적이고 언어적인 부분이 아니라 감정에 집중하는 것을 말합니다. 어떤 때는 말은 주고 받았는데 도무지 대화를 한 것 같지가 않을 때가 있습니다. 무엇인가 겉도는 느낌에다 왠지 형식적이라는 느낌이 들기도 합니다. 이런 대화는 지극히 사무적이고 공적인 관계에서 주로 나타납니다. 그리고 마음을 열고 싶지 않은 사람과의 사이에서 발생합니다. 그런데 부부간의 대화나 자녀와의 대화가 이렇게 흘러가서야 되겠습니까? 자녀가 부모와 대화는 하는데 정작 자신의 마음은 터놓지 못하거나 늘 대화의 상대가 없어서 외롭다고 느낀다면 감정 대화를 하지 못했기 때문입니다.

친구와 약속이 있다며 외출하겠다는 자녀와의 대화가 흔히 이렇게 진행되기도 합니다. '엄마, 오늘이 생일인 친구랑 약속이 있어서 나갔다 올게요.' 그러면 통상 엄마들은 시험이 코 앞인 것이 생각 나게 됩니다. '야, 시험이 낼 모레인데 너 정신이 있는 거야? 친구 생일 챙기기 전에 네 시험 준비나 잘해, 이것아.' 그러면 당연히 자녀는 '그 놈의 시험 얘기는 안 하는 날이 없어. 친구 생일이라 잠깐 갔다가 온다는데 그게 뭐 그렇게 대수야? 여기에 돌아오는 대답은 뻔합니다. '이게, 뭘 잘했다고 말대답이야? 넌 도대체 누굴 닮아서 그 모양이냐? 이번 시험 망치기만 해봐, 가만 안 놔둘 테니까…' 자녀는 결정타를 날립니다. '아휴, 엄마하고는 말이 안 통해. 아, 나도 몰라.'

이쯤 되면 자녀와 엄마 모두의 기분은 이미 갈 데까지 간 것입니다. 집안 분위기가 정상일 리가 없겠지요. 무엇이 문제인가요? 바로 상대방의 감정을 무시하고 일방적으로 자신의 생각만을 전달했기 때문입니다. 조금만 대화를 바꾸어 보면 어떻겠습니까? 감정 대화를 적용해 보겠습니다. 먼저, 감정 대화를 한다는 것은 상대방의 메시지를 핵심적으로 요약하면서 시작합니다. '친구 생일이라 만나기로 했다구?' 그리고 그 말을 한 상대방의 감정을 파악해서 말해주는 것입니다. '친한 친구가 생일이라 모두 모이는데 네가 빠지면 서운해 하니까 갔다 오고 싶은 거로구나?' 자녀의 마음을 읽어주는 부모는 자신을 인정하고 이해해 준다고 느끼게 되어 자녀와의 친밀감이 깊어집니다. 평소에 이런 친밀감을 쌓게 되면 결정적인 순간에 부모의 의견을 전달해도 거부감이 덜 들게 되어 있습니다. 마지막에는 전하고 싶은 메시지를 전하면 됩니다. '네 마음은 잘 알겠는데, 시험 준비가 잘 되었는지 엄마는 염려가 된단다. 엄마 심정을 너도 이해할 수 있지?' 이렇게 대화를 하는 습관을 들이십시오.

　아마도 이런 언어 습관이 익숙하지 않아서 손이 오그라드는 느낌일 수도 있습니다. 자녀가 놀라면서 '엄마, 왜 그래? 무슨 일 있어?' 라고 할지도 모릅니다. 그래도 이런 대화 방식을 유지하고 반응해 주십시오. 어렵지 않게 서로의 감정을 잘 전달하면서 말이 통하는 대상이라고 평가할 것입니다. 수십 년을 해오던 방식을 바꾸는데 어색함이나 어려움이 왜 없겠습니까? 그러나 시도하지 않으면 아무것도 얻을 수 없습니다. 잘하고 못하고 보다는 하려고 하는 자세와 열정이 중요합니다. 시간이 지나면 변화된 자신의 대화법을 알게 될 것입니다.

　대화는 반드시 말로만 할 필요는 없습니다. 요즘 아이들이 가장 친숙한 문자 메시지나 카톡 등의 수단을 사용해도 좋습니다. 상황에 따라서 직접 대면하여 대화하기가 곤란하거나 쑥스러울 때는 이것이 더 효과적일 수도 있습니다. 특히 요즘 아이들은 거의 상시적으로 스마트폰을 손에 들고 살기 때문에 즉각적으로 하고 싶은 말을 전달할 수가 있습니다. 아마 웬만한 분이면 문자나 카톡 주고 받기 정도는 할 수 있으리라 생각합니다.

　사실 자녀와 대면하여 대화할 시간이 물리적으로 거의 불가능한 가정도 있을 것입니다. 그리고 말로는 표현을 잘 못해도 글로는 잘 표현하는 부모도 있을 것이므로 이런 수단을 적절히 활용한다면 충분히 부족한 대화를 보충할 수 있습니다. 다만, 문자로 전달하는 데에는 한계가 있기 때문에 상황에 맞게 활용해야 합니다. 가령, 화가 나서 그 감정을 문자로 보내버리면 의외로 상황이 더 악화가 될 수 있습니다. 우선 문자로는 감정을 세밀하게 표현하기가 곤란합니다. 따라서 의도와는 달리 확대 해석되어 일을 그르칠 수도 있다는 것입니다.

하지만 일상적인 내용이나 부정적이지 않은 좋은 주제라면 얼마든지 문자 메시지로 주고 받을 수 있습니다. 여기에서 작은 팁을 하나 드리자면 자녀들은 문자 메시지를 구성할 때 이모티콘을 많이 사용한다는 것을 염두에 두고 부모들도 적절히 사용하는 것이 좋습니다. 말씀 드린 대로 문자로는 얼굴을 맞대고 대화하는 것만큼 감정 상태를 확인하거나 전달할 수가 없습니다. 그래서 자칫하면 아 다르고 어 다르다고 읽는 사람에 따라서는 문자의 내용과 감정을 오해할 수도 있습니다. 그래서 오해의 소지를 없애기 위해서는 적당한 이모티콘을 사용하는 것입니다. 단순히 문자로만 구성된 메시지보다는 이모티콘으로 감정 상태를 비주얼하게 표현한 메시지가 자녀의 수준에서는 더 익숙하고 명확하게 이해가 될 것입니다. 자녀들은 문자를 제외하고 이모티콘만 가지고도 소통이 될 정도입니다.

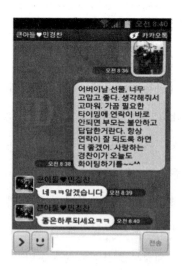

저도 직업상 자주 집을 비우기 때문에 아이들과 얼굴을 마주할 시간이 절대적으로 부족합니다. 그래서 아내와는 물론이고 아이들과도 자주 문자나 카톡으로 대화를 하는 편입니다. 간단한 일상의 대화에서 조금은 심각한 일들도 표현을 정제해 가면서 대화하고 있습니다. 그러면 확실히 자주 만나서 대화를 한 것처럼 친숙하고 어색하지 않습니다. 가능하면 하지 말라거나 명령하는 표현 보다는 권유하거나 제안하는 표현을 하려고 노력합니다. 그리고 사랑한다는 표현도 자주 합니다. 얼굴을 보고서 다 큰 아들에게 사랑한다고 말하기는 어색해도 문자로 표현하는 것은 편안합니다. 그런데 이렇게 사랑한다고 자주 표현하니까 아이들도 문자나 편지, 카드 등에 사랑한다는 표현을 곧잘 사용합니다. 모든 부모들이 자녀를 사랑하지 않는 것이 아닙니다. 다만 사랑하는 방법을 모르는 것입니다. 이제 또 하나의 수단을 손에 쥐고 도전해 보십시오. 좋은 결과가 있을 것입니다.

3) 발달 단계의 이해와 대응법

어느 유수의 유아교육 전문 연구기관에서 우리나라의 영재들을 분석했습니다. 대한민국의 영재들은 어떤 특징이 있는지를 조사한 것입니다. 어느 부모치고 자녀의 영재성에 관심이 없겠습니까? 그러기에 영재의 특징에 관한 조사에 저도 관심이 갔습니다. 거기에서 정리한 내용은 크게 두 가지의 조건이 있었습니다. 하나는 유전자적인 특징입니다. 영재는 부모로부터 우수한 유전자를 타고 났다는 것입니다. 이미 태어나면서 영재의 유전자를 물려 받아서 태어난 것이 영재가 된 하나의 요인이었습니다. 여기에서 이미 저를 포함한 대부분의 부모들은 실망할 것입니다. 왜냐하면 우리는 자녀에게 영재로서의 유전자를 물려준 일이 없기 때문이지요. 콩 심은 데 콩 나고 팥 심은 데 팥 나는 법이 아닙니까?

그러면 다른 하나의 요인은 무엇일까에 관심이 갈 수 밖에 없습니다. 그 다른 하나는 환경이었습니다. 영재 아이들의 환경이 특징이었습니다. 여기에서 또 한 번 실망할 것입니다. 역시 서울의 강남 3구 정도의 축복 받은 환경에서 영재도 나오는 것이라는 생각을 할 것이기 때문입니다. 그런데 그게 아닙니다. 이 환경이라는 것이 경제적인 부유함이나 유명한 학원 밀집 등의 지역적인 환경이 아닙니다. 그것은 바로 행복한 부모라는 환경을 말하는 것이었습니다. 즉, 부모가 행복한 가정에서 영재가 나오더라는 것입니다.

혹자는 개천에서 용 나오는 시대는 이제 끝났다고 말합니다. 자녀교육에 일정 수준 이상의 재산이 필요하고 부모가 얼마나 끝까지 뒷받침을 해주느냐에 따라서 자녀의 인생이 달라지는 시대라는 것입니다. 과거에 비해 신분 상승의 기회가 확연하게 사라졌다고 합니다. 그러나 저는 달리 생각합니다. 오히려 개천에서 용이 나오기 쉬운 시대라고 봅니다. 물가가 오르고 학비가 올랐다고는 하지만 그만큼 기회도 늘었다고 보는 것입니다. 본인이 어떤 재능을 얼마만큼 갈고 닦아서 펼치느냐에 따라서 과거와 달리 글로벌하게 비전을 펼칠 수도 있는 시대라고 생각합니다.

사람은 결국 어떤 환경에서 어떤 부모의 영향을 받고 자랐느냐가 중요한 것입니다. 영재의 첫 번째 특징인 유전자는 물려줄 수가 없을지라도 두 번째 특징인 행복한 부모라는 환경적 요인은 줄 수가 있지 않겠습니까? 아니, 이런 분석 때문이라도 우리는 행복한 부모가 되어야 합니다. 그러면 우리의 자녀도 영재로 자랄 가능성이 열리는 것입니다. 부부가 먼저 행복해질 때에 자녀도 좋은 영향을 받는다는 사실이 놀랍지 않습니까?

특히 영아기와 유아기의 자녀에게 부모의 영향은 지대합니다. 영국 문화협회가 조사한 바에 따르면 세상에서 가장 아름다운 영어 단어는 Passion(열정)과 Love(사랑)을 제치고 Mother(엄마)였습니다. 아쉽게도 아버지란 단어는 상위권에서 찾아볼 수가 없습니다. 아무튼 이렇게 자녀의 성장 과정에서 특히 어린 시절에는 엄마의 영향이 크다는 것을 알 수 있습니다. 갓 태어난 아기는 엄마의 젖을 물면서 만족감을 느낍니다. 엄마의 젖을 통하여 아이의 성격 형성도 영향을 받습니다. 유아 전문가에 의하면 아기가 엄마의 젖을 깨물기라도 했을 때 놀라서 야단을 친다거나 부정적인 감정을 발산하면 아기는 어른이 되어서도 사회성에 문제가 생긴다는 것입니다.

아기는 태어나서 처음 만나는 엄마라는 존재를 통해서 이 세상이 믿을 만한 곳인지 두려움과 의심을 가지고 살아가야 하는 곳인지를 알게 된다고 합니다. 에릭슨을 비롯한 많은 학자들의 연구 결과들에서 공통적인 부분을 중심으로 살펴보면 그렇다는 것입니다. 따라서 엄마는 아기를 품에 안고 충분히 정서적인 만족감을 느낄 수 있도록 하는 것이 곧 양육의 시작인 것입니다. 단지 젖을 물리고 아기의 울음 소리에 민감하게 반응하여 원하는 것이 무엇인지를 알아 차리는 것이 매우 중요한 아기의 발달 단계상의 양육이라는 것이지요. 그러니 남편들은 집에서 아기와 하루 종일 씨름하고 땀을 쏟는 아내들에게 온 종일 집에서 아기하고 놀면서 뭐가 그렇게 힘이 드냐고 해서는 안 됩니다. 이것처럼 중요한 양육이 또 없는 것이니까요.

모세가 죽음의 위험을 벗어나서 애굽의 공주에게 가게 되었을 때 그의 생모인 요게벳이 유모로 들어가서 모세를 양육한 것은 매우 의미 있는 일입니다. 당시의 관행상 유모가 젖을 물리고 아기를 키울 수가 있었기에 모세는 다행히도 생모의 젖을 먹으면서 자랄 수가 있었습니다. 그 생모가 죽음의 손길을 피해서 아기를 지혜롭게 떠나 보냈지만 결국은 자신의 품에서 키우게 되었으니 오죽이나 정성을 들여서 키웠겠습니까? 아기의 정서 발달에 결정적인 영향을 끼치는 시기를 품에 안고 보냈으니 당연히 모세의 정신에는 요게벳에 의한 이스라엘의 정서가 그대로 흐르게 되지 않겠습니까?

아기가 두세 살이 되면 자율성을 배우는 시기입니다. 이제 막 걷기 시작하여 이것저것을 하려고 합니다. 그럴 때에 못하게 막기보다는 안전하게 할 수 있도록 놔두는 것이 필요합니다. 지나치게 간섭하고 보호하고 통제하면 아기는 까다롭고 인색하고 의심이 많은 성격이 고착됩니다. 이 시기의 아기가 있는 가정은 벽에 낙서를 못하게 막지 말고 차라리 온통 그림을 그릴 수 있는 벽으로 바꾸어 주는 것이 현명한 것입니다. 제 경우에도 아이들이 이맘때가 되었을 때 서랍장 문고리를 온통 고무줄로 칭칭 감아놓았던 일이 있습니다. 물론 아이의 안전을 생각해서지만 사실 그 속에는 어지르지 못하도록 하는 마음도 있지 않습니까? 아기가 하려고 하는데 부모가 자꾸 막아버리면 아기는 수치심을 갖게 되어 성격 형성에 안 좋은 영향을 받습니다. 이러한 수치심은 자기 비하나 자기 존중감의 상실로 이어질 수가 있습니다.

네 살 정도가 되면 이제는 뭐든지 자기 스스로 하려는 시도를 합니다. 옛날에는 미운 일곱 살이었는데 지금은 미운 네 살이 되었습니다. 부모의 시각으로 보면 온통 하는 짓이 마음에 안 드는 짓만 골라서 하는 듯이 보입니다. 그래서 잠시도 한눈을 팔지 못하고 신경을 곤두세워야 합니다. 가전 제품을 부수거나 젓가락으로 아무데나 찔러 보는 등의 자칫 위험한 일을 저지르기도 하기 때문입니다. 제 큰 아이도 이 나이 무렵에 20층 아파트에 살고 있었는데 다용도실에 나가 있던 할머니를 문을 잠가 가두고 안방으로 도망가서 꼼짝없이 고립시킨 사건이 있었습니다. 119 구조대가 출동하여 옥상에서 내려와서 구출했던 사건이 지금도 기억이 납니다.

이 시기의 아이에게는 이만큼 주도성이 강하게 발달하는 단계입니다. 그런데 그것을 못하게 말리고 야단을 치면 아이는 계속되는 야단에 스스로 잘못하고 있다고 인식하게 되어 죄의식을 갖게 됩니다. 그래서 아이가 소심해지고 도전의식이 사그러 들어서 성인이 되어도 목표를 향해 추진하는 능력이 없어집니다. 우리 부모의 입장에서는 얌전한 아이가 착한 아이입니다. 그러나 발달 단계에 맞게 성장을 해주어야 건강한 것입니다. 지나치게 얌전하고 착한 것처럼 보이는 아이는 정상적인 발달을 못하고 있는 것일 수 있습니다.

아이가 초등학교에 들어가면 이 때부터 지적인 호기심과 성취 동기가 유발됩니다. 무엇인가 스스로 알아보고 성취하려는 욕구가 강해집니다. 따라서 일부러라도 아이에게 성취감을 맛볼 수 있도록 환경을 만들어 주는 것이 좋습니다. 심부름을 시키고 잘 했다고 격려해 준다든지 누군가에게 도움이 되는 존재라는 것을 느끼게 해주는 것입니다. 저희 아이들도 초등학교 다닐 때 쓰레기 분리수거를 저와 함께 하도록 했습니다. 스스로 책임을 지고 일정 부분을 담당하게 하기도 하고 설거지를 시키기도 했습니다. 물론 가끔 용돈이라는 당근도 사용했지만 그 덕분에 지금도 설거지나 빨래 널기 등은 맡기고 있습니다.

이제 드디어 사춘기입니다. 소위 질풍노도의 시기라는 그 유명한 사춘기입니다. 심리학자 에릭슨의 8단계 이론 가운데 5단계에 해당하는 시기입니다. 이 시기는 그 어느 시기보다 복잡하고 힘이 듭니다. 부모도 힘이 들지만 아이들도 힘이 드는 시기입니다. 그래서 이 시기의 자녀를 키워보기 전까지는 아직 부모가 아니라고도 합니다. '중2병'이라는 신조어도 생겼습니다. 북한이 남침을 못하는 이유가 한국에 중2가 있어서라고도 합니다. 이렇게까지 표현을 할 정도로 사춘기는 대 혼란의 시기입니다. 그 동안은 부모가 굉장히 커 보였는데 어느 날인가 자신보다 작아졌음을 알게 됩니다. 나는 누구인가, 어떻게 살아야 하는가, 남들은 나를 어떻게 보고 있는가 등의 심리적 혼란을 넘어서 거의 혁명에 가까운 소용돌이가 일어나는 시기입니다.

사람에 따라서는 아주 얌전하게 조용히 넘어가기도 합니다만 대개는 한바탕 전쟁을 치르게 됩니다. 초등학교 때는 전혀 안 그러더니 중학교에 가면서 갑자기 애가 변했다고 부모가 난리입니다. 사춘기인

줄은 알지만 저 정도일 줄은 몰랐다고 속상해합니다. 도대체 내 속으로 낳았지만 알 수가 없다고도 합니다. 특별히 이 시기는 인생에서 매우 중요한 시기이고 부모로서도 많은 관심을 기울이는 시기이므로 더욱 제대로 이해하고 알아야 합니다.

사춘기의 발달과제는 대표적으로 정체성입니다. 내가 누구인가 하는 문제입니다. 이것을 통해서 대인관계나 장래의 직업관과 인생관이 영향을 받습니다. 예를 들어 중학교에 가면서 교복을 변형하여 입는 일이 있습니다. 또 머리에도 신경을 씁니다. 머리 길이나 스타일에 신경을 쓰고 염색을 하기도 합니다. 여학생의 경우에는 화장을 하기도 합니다. 이 때 부모가 너무 나무라고 제지하면 안 됩니다. 그런다고 말을 순순히 듣지도 않을뿐더러 부모와의 갈등만 깊어집니다. 바로 이럴 때를 위해서 경청의 스킬을 배워야 하는 것입니다. 그리고 감정 화법이 필요한 것입니다. 아이의 입장에서 바라보면 전혀 이해가 안 되는 것이 아닙니다. 아마도 부모님 자신도 그 시절에 교복 변형하고 모자 눌러 쓰고 가방은 옆구리에 이상하게 끼고 다니지 않았는지요?

이 시기의 특징 가운데 하나가 친구 집단을 중요시 한다는 것입니다. 친구들과 몰려 다니고 친구 세계에서 낙오되지 않기 위해 애를 씁니다. 친구들에게 인정받지 못하면 자신의 정체성에 혼란이 오게 됩니다. 자신이 그렇게 가치가 없는 존재인가를 고민합니다. 요즘 아이들에게 가장 인기 있는 컴퓨터 게임으로 롤(LOL)이라는 게 있습니다. 이런 게임에 빠지는 이유 가운데에는 단지 게임이 재미가 있어서 만은 아닙니다. 게임 자체가 친구들과 여럿이서 사이버 상에서 함께 하게 되어 있습니다. 그리고 만나면 온통 그 이야기입니다. 그러니 그 게임을 안

한다는 것은 친구 세계에서 떨어져 나온다는 것을 의미합니다. 게임을 게임으로만 볼 것이 아닙니다. 아이들의 소통의 수단이고 친구 세계를 유지하고 확장하는 과정인 것임을 이해해야 합니다. 이런 특징을 알고 대화하는 부모와 전혀 모르고 윽박지르기만 하는 부모는 자녀와의 관계가 달라질 수 밖에 없습니다.

청소년기의 특징으로 빼놓을 수 없는 것으로 '상상 속의 군중' 현상입니다. 청소년들은 다른 사람들이 자기에게 많은 관심이 있고 자기를 지켜본다고 생각합니다. 그래서 좀 더 튀어 보이려고 여러 가지 시도를 합니다. 저희 둘째도 어느 날 머리에 염색을 하고 왔습니다. 나중에 들으니까 저도 속으로는 아빠한테 야단 맞으면 어떡하나 하고 약간 걱정이 되었다고 합니다. 제가 살아온 경험만 놓고 본다면 천지 개벽을 할 일입니다. 중3인 내 아들이 염색을 하다니요. 그래도 짐짓 인정해 주었습니다. 학교에서 괜찮겠냐고 물으면서 염색하니 어떤 기분이 드냐고 말을 걸었습니다. 화를 내거나 야단을 치지 않고 말을 걸자 이런저런 상황을 얘기하면서 그냥 별 뜻은 없이 친구 따라서 한번 해본 것이라고 대답합니다. 아들의 의견을 존중하면서도 아빠의 심정을 말하면서 대화를 자연스럽게 이어 갔습니다. 만약에 제가 정색을 하고 미친거 아니냐고 하면서 무슨 지구가 멸망하는 것처럼 요란스럽게 야단을 쳤다면 아이는 반발심만 더욱 커졌을 것입니다. 자신을 몰라준다고 서운해 하기만 했을 것입니다. 어느 정도 범위 안에서는 부모가 사춘기 청소년의 발달과제를 이해함으로써 조급하지 않게 대응하는 것이 중요합니다.

제 큰 아이가 중1 때의 일입니다. 저녁이면 학원을 간다고 하거나 피아노 연습을 한다고 나갑니다. 그런데 가끔 있어야 할 곳에 없는 것을 알게 되었습니다. 어디에 있었냐고 물으면 적당히 둘러대고 넘어갑니다. 그러던 중에 결국 동네 게임장에 있는 것을 찾아 내었습니다. 게임장에 자주 다닐 만큼 용돈이 넉넉하지 않을텐데 어떻게 게임장을 자주 갔는지 알아보았더니 게임의 달인이 되어 있었기에 가능했던 것입니다. 어느 날인가 이 녀석이 게임을 하는데 하도 귀신같이 손 놀림이 빠르고 게임장의 최고 점수를 경신해서 근처에 있던 고등학생 형들이 게임비를 내주면서 더 해보라고 했답니다. 그 후로는 자주 그런 일이 있어서 돈 들이지 않고도 게임을 즐겼고, 워낙 솜씨가 좋은 탓에 불과 몇 백 원을 가지고도 몇 시간이고 게임을 했다는 것입니다. 그런데 게임이 그렇게 좋아서라기 보다 주변 사람들이 대단하다고 자신을 인정해주는 모습이 좋아서 더 그랬다고 하는 말을 들었습니다. 인정의 욕구가 있었던 것입니다. 남들의 시선과 평가에 영향을 받은 것입니다. 그 손가락 놀리던 솜씨로 지금은 피아노를 전공하고 있으니 참 다행입니다.

요즘 중고등학생들을 보면 좀처럼 종을 잡을 수가 없다고 합니다. 전혀 엉뚱한 짓을 일삼고 위험 천만한 일도 거리낌 없이 합니다. 그것을 '개인적 우화'라고 합니다. 마치 자신만은 어떤 일을 해도 위험하지 않고 괜찮을 것이라는 생각을 하는 것입니다. 위험하다고 말리는 오토바이를 탄다든지 심한 경우에는 임신을 하기도 합니다. 마치 자기는 그런 일을 해도 아무 문제가 없을 것이라고 착각하기 때문에 생기는 일입니다.

부모들은 머리가 그만큼 컸으면 이제 철이 들어야 하는 것이 아니냐고 아이들을 질책합니다. 그런데 이게 또 잘못입니다. 청소년기의 아이들은 머리가 다 큰 것이 아닙니다. 아직 공사중인 뇌를 가지고 있습니다. 덩치가 부모보다 더 컸다고 뇌까지 발달이 끝난 것은 아닙니다. 부모들은 이것을 모릅니다. 청소년의 뇌에 대해서 좀 더 알게 된다면 자녀를 대하는 태도나 방법이 달라져야 한다는 것을 알게 될 것입니다.

우선 남녀의 뇌가 어떻게 다른가를 알면 도움이 될 것입니다. 대체로 남자 아이의 뇌는 논리적이고 체계적인 특징이 있습니다. 그래서 말을 하더라도 남자 아이에게는 이유와 근거를 정확히 말하는 것이 중요합니다. 왜 그런 것인지, 어떻게 하면 되는지 등을 명확하게 듣기를 원합니다. 대신에 포용력을 강화해 주어야 합니다. 그리고 여자 아이들의 뇌를 보면 공감대가 발달했습니다. 경청을 잘하고 즉각적인 반응을 합니다. 그래서 여자 아이들과 대화하려면 '정말? 웬일이니, 헐~' 등의 반응만 해주면 된다는 말도 있습니다. 여기에 부족한 도전성을 강화해 주면 됩니다.

청소년의 뇌가 아직 공사중이라는 것은 뇌의 기능별 부위마다 발달에 있어서 서로 다른 진도를 보이고 있다는 것입니다. 즉, 이성을 담당하는 뇌의 발달은 부족한 상태입니다. 반면에 본능에 해당하는 뇌는 발달을 했습니다. 그리고 감정에 관련된 뇌도 덜 발달하였습니다. 그러니 청소년기의 뇌는 오로지 본능에만 충실하게 되어 있는 것입니다. 그래서 청소년들의 비행이 늘어나고 있습니다. 이성적으로 제어할 능력이 부족한 것입니다. 미국에서는 이런 이유로 청소년 범죄에 있어서 사형을 선고하지 못하도록 하고 있는 것입니다. 미숙한 뇌에 의한 발달 상황을 고려한 것이라고 합니다.

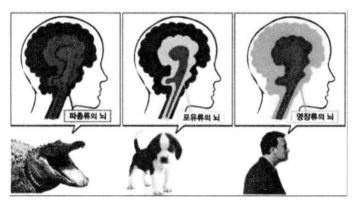

〈 뇌의 3층 구조 〉

여기에서 인간의 뇌가 3층 구조로 되어 있음을 살펴보면서 청소년기의 특성을 이해하도록 하겠습니다. 인간의 뇌는 3층으로 구조화되어 있습니다. 가장 낮은 단계인 1층은 뇌간으로 호흡, 심장 박동, 혈압 조절 등과 같은 생명의 유지에 관련된 가장 기본적인 기능을 담당하고 있습니다. 그래서 이 부분을 '생명의 뇌' 혹은 '파충류의 뇌' 라고 말합니다. 2층은 중간 뇌로 변연계를 말합니다. 이 부분은 위 아래로 모든 정보를 전달해 주는 중간 정거장 역할을 하면서 주로 감정을 담당하는 기능을 합니다. 포유류들이 흥분하거나 공포를 느낄 때면 꼬리를 흔들거나 으르렁거리는데 이런 애정이나 감정적 표현을 하는 부분이 발달하였기 때문에 그렇습니다. 그래서 파충류에게는 없는 이런 감정의 표현을 가능하게 하기 때문에 '감정의 뇌' 또는 '포유류의 뇌' 라고 부릅니다. 그리고 3층은 대뇌 피질부가 있는 앞 쪽의 두뇌로 가장 최근에 발달한 부분입니다. 이곳은 고도의 정신적 기능과 창조 기능을 관할하고 있으며 인간에게만 있는 것으로서 '인간의 뇌' 혹은 '이성의 뇌' 라고 부릅니다. 이 부분이 발달한 덕분에 인간은 오늘 날과 같은 문명을 만들고 세상을 지배할 수가 있었던 것입니다.

가장 먼저 형성이 된 뇌 줄기는 생명체의 기본적인 기능을 담당하는 생명 중추의 구실을 하고 있습니다. 파충류의 뇌라는 이 부분이 손상을 입으면 뇌사 상태에 빠지게 됩니다. 혼자 스스로 생명을 유지할 수가 없는 것입니다. 그러므로 생명의 기본 중추인 뇌 줄기 즉, 파충류의 뇌를 잘 보존하는 것은 우리의 건강과 삶을 지탱하는 가장 기초적이고 중요한 일인 것입니다.

변연계는 대뇌 피질과 뇌 줄기의 중간에 있는 기억과 감정, 호르몬을 조절하는 중앙부로 포유류에서 가장 잘 발달함을 볼 수 있습니다. 포유류가 파충류와는 달리 학습 기능과 기억 기능을 가지고 있으면서 감정 표현이 뛰어난 것은 바로 이 변연계의 발달 덕분입니다. 그래서 포유류의 뇌가 손상을 입으면 포유류도 파충류처럼 행동하게 됩니다.

외부에서 들어오는 모든 정보는 신체의 감각기관에서 수집되어 뇌 줄기에 이르고 다시 중간뇌의 시상에서 분석 작업을 거쳐 최고 중추인 대뇌 피질에 도착합니다. 여기에서 최종적인 판단을 하여 명령을 내보내어 적절한 행동을 하게 만드는 것입니다. 인간을 깨어 있게 하는 각성 중추이며 이성적 판단과 인간만이 가지는 종합화 기능을 담당하기에 대뇌 피질 부분을 인간의 뇌라고 부르고 있습니다.

이렇듯 인간의 두뇌를 3층 구조로 이해할 때 청소년기의 두뇌는 파충류의 뇌와 같다고 할 수 있습니다. 아무리 체격이 크고 신체적 발달이 되었다고 해도 두뇌의 발달로 치면 아직도 파충류의 뇌 단계인 것입니다. 그러니까 부모와 대화를 하다가도 감정이 급격하게 격해지거나 변덕을 부리고 주체하지 못하는 행동을 하는 것입니다. 파충류의 뇌는 싸우거나 도망치거나 둘 중의 하나입니다. 부모와 대화를 하면서 유난히 예민하게 대들거나 아예 귀를 막고 방으로 들어가 버리는 행동이 바로 이런 이유입니다. 부모는 이런 발달 단계의 특징을 바탕으로 청소년 자녀를 이해하지 않으면 도무지 상대할 수가 없게 됩니다. 심하게 말하자면 화가 나서 야단을 치면서 자녀를 대할 때는 '내가 지금 파충류를 대하고 있는 것이다' 라고 생각하면서 행동해야 맞습니다.

이렇게 아직도 공사중인 청소년의 뇌 때문에 그들은 부모와의 대화에서 정확한 해석과 반응을 보이는 데 어려움이 있습니다. 부모가 놀라서 왜 그랬느냐, 어떻게 된 일이냐고 그냥 묻기만 해도 자녀는 그것을 화가 난 것으로 해석하는 경향이 있습니다. 놀라서 묻는 부모에게 자녀는 왜 화를 내느냐고 따지고 덤비는 까닭은 바로 이것 때문입니다. 놀란 것과 화가 난 것을 구분하지 못하는 것이지요. 마찬가지로 누군가가 자신을 쳐다본다고 공연히 시비가 붙어서 큰 싸움이나 사고가 생기는 일도 있는데, 이것도 쳐다보는 것을 비웃는 것으로 잘못 해석하기 때문입니다. 그래서 청소년기의 자녀가 엉뚱하고 예민한 반응을 보인다면 파충류의 뇌라서 아직 공사중이기 때문이거니 생각하시고 여유 있게 응대해 줘야 됩니다. 부모도 같이 흥분해서 열을 올리면 똑같이 파충류가 되어 싸우는 것 밖에 안 됩니다.

청소년기의 이해를 위해서 추가적으로 알아야 할 것은 호르몬의 변화입니다. 사람은 생애 주기를 거치면서 호르몬 생성의 변화도 함께 겪습니다. 남자와 여자는 각기 다른 고유의 호르몬을 생성하는데 남성은 테스토스테론이라는 남성 호르몬을, 여성은 에스트로겐이라는 여성 호르몬을 생성합니다. 그 생성량이 나이를 먹으면서 달라지는데 바로 청소년기가 되면 급격히 호르몬의 생성이 왕성해집니다. 10대 청소년기에 최고조를 보이던 호르몬 생성량은 일반적으로 20대 청년기를 정점으로 하여 점차 둔화되다가 40대를 거치면서 급격히 저하되는 현상을 보입니다. 특히, 여성은 40대 후반에서 50대 초반 사이에 급감하는데 이 때가 갱년기나 폐경기가 되는 것입니다.

이렇듯이 청소년기의 호르몬 생성의 왕성함으로 인하여 남성성과 여성성이 두드러지는 신체적인 특징을 보이게 되며 정서적으로도 성인이 되는 듯한 아동기와는 전혀 다른 모습을 보이게 됩니다. 이런 이유로 이성에 대한 호기심과 성에 대한 관심이 부쩍 높아져서 성인 비디오나 포르노 등에 갑자기 관심을 갖게 되어 부모들을 당황하게 만드는 사건이 시작되는 것입니다. 이 또한 성장 과정의 자연스러운 현상으로 이해하고 현명하게 대처해야 합니다. 부모가 소스라치게 놀란다든지 자녀를 불결하다고 하면서 죄책감을 느낄 정도로 다그치면 아이의 성장 발달에 나쁜 영향을 끼칠 수도 있습니다. 청소년기의 발달 과정상의 통과 의례라고 여기시고 아이가 납득할 수 있는 부드러운 방법으로 잘못된 성에 관한 지식이나 접근을 바로잡아 주는 것이 필요합니다. 가급적이면 컴퓨터는 개인 방에 놓지 마시고 거실에 놓는다든지 오픈된 공간에서 인터넷을 하도록 환경을 조성해 주는 것도 한 가지 방법입니다.

더 중요한 것은 부모가 먼저 솔선하여 이런 종류의 인터넷이나 영상물을 멀리하는 것입니다. 자신들은 은밀하게 즐기면서 자녀들에게는 머리에 피도 안 마른 것들 운운하며 말리는 것은 어불성설입니다.

남성 호르몬인 테스토스테론은 신체적인 성장을 촉진합니다. 중학교에 가면서 갑자기 키가 큰다든지 몸집이 불어나는 것은 이 때문입니다. 이 시기에는 일 년에 10cm씩 자라는 아이들도 있습니다. 그리고 목소리가 아동에서 남자답게 변하는 변성기를 맞게 됩니다. 이제 어린이가 아니라 청소년이 되어 어른이 될 준비를 하는 것입니다. 이 호르몬은 특별히 공격성을 강화하는 특징이 있습니다. 그래서 이전과는 달리 폭력성이 두드러져 보이는 것입니다. 말과 행동이 거칠어지고 실제로 크게 다치는 일도 다반사로 일어납니다. 뇌는 아직 미성숙하여 본능에만 충실하고 이성적으로 제어할 준비는 안 되어 있는데 신체적인 성장과 호르몬의 영향을 받으니 이런 일이 생기는 것입니다. 부모가 이것을 이해하지 못하면 아이가 갑자기 이상해졌다거나 나쁜 친구 때문에 문제아로 변했다고 낙심하게 됩니다. 당연히 제대로 응대하지 못하게 되는 것입니다.

여성 호르몬인 에스트로겐은 몸매를 곡선으로 만들어 줍니다. 그래서 여학생들은 볼륨감 있는 몸매가 되면서 여성다운 모습으로 성장합니다. 여기에 '상상 속의 군중' 심리에 영향을 받으니 부모 몰래 화장도 하게 되고 머리나 옷차림에 유난히 신경을 쓰는 것입니다. 요즘은 성형외과를 찾는 학생들도 많아졌습니다. 부모 입장에서 본다면 예쁘기만 한 자신의 딸이 어느 날부터 갑자기 외모에 불만을 내비치고 교복을 이상하게 줄이고 심지어 성형까지 요구하는 것이 납득이 안 될 수도 있습니다. 정작 신경을 써야 할 공부는 늘 뒷전인 것이 못마땅합니다. 하지만 이것이 그 나이 때의 자연스러운 현상입니다.

특히 에스트로겐은 신경질적인 반응을 보이게 만듭니다. 그래서 아무 일도 아닌 것을 가지고 유난히 신경질을 부리고 변덕스럽게 반응하면 호르몬의 변화 때문으로 이해할 필요도 있습니다. 이 호르몬은 딸아이에게만 생기는 것이 아닙니다. 엄마에게도 똑같이 생성됩니다. 그러니 신경질을 유발하는 호르몬을 가진 두 모녀가 한번 잘못 부딪히면 집안이 살벌해 질 수 밖에요. 이것도 모르는 아빠와 아들은 도대체 여자들이란 왜 그런지 모르겠다고 나무라면 안 됩니다. 갑자기 과격해져서 문을 발로 걷어 찬다든지 욕설을 하며 물건을 집어 던지는 아들과 다를 바가 없는 것입니다. 뇌의 발달과 호르몬의 변화를 이해한다는 것은 부모의 자녀 양육에 이렇게 중요한 영향을 줍니다. 그래서 더 깊이 공부하는 부모가 되어야 하겠습니다.

그리고 청소년기의 반항적 행동이나 반응에 대한 이유로는 인지 발달적 특성도 고려할 필요가 있습니다. 청소년기 아이들은 아동기 때처럼 부모를 숭배하지 않게 됩니다. 청소년이 되고 보니 체격도 자신이 부모보다 큰 것 같고, 뭐든지 자기보다 잘 알던 부모가 가만히 보니까 모르는 것도 많고, 그러면서 자기 자신은 나름대로 아는 것도 늘어나고 자신감도 생기다 보니 부모에게 예전처럼 맹목적인 순종을 하지 않게 되면서 비판적인 태도를 보이는 것입니다.

또한 지금의 아이들은 인터넷 세대입니다. 자연스럽게 사이버상에서 다른 어른들과도 동호회라든지 게임 등을 통해서 교류하고 접촉을 합니다. 그러니 어른들에 대한 신비감이나 경외심이 없어지게 됩니다. 부모 세대는 수직적인 관계의 세대입니다. 그래서 어른이 뭐라고 하면 일단 수긍했습니다. 설령 모르는 사람이라도 상대방이 어른이라면 말을 들었기에 길을 가다가 담배를 피우고 있는 학생을 불러서 야단을 쳐도 그 사람의 말을 듣는 척이라도 했습니다. 하지만 이제는 다릅니다. 지금의 청소년들은 수평적인 관계의 시대를 살고 있습니다. 자신도 한 인격체인데 왜 어른이라는 이유만으로 나를 지배하려 하느냐고 되묻는 세대입니다. 다 동등한 사람이라는 생각이 더 강하기 때문에 옳고 그르고를 떠나서 청소년들은 부모를 포함한 기성 세대를 수평적으로 대하려는 마음이 강한 것입니다. 인터넷 사용 등의 일부 능력은 오히려 아이들이 어른보다 우월하기도 한 상황에서 무조건 어른이라는 이유로 자신의 말을 잘 들을 것을 기대하고 강요하는 것은 아이들의 심리를 모르는 처사입니다.

청소년기의 아이들은 스피드에 익숙해져 있습니다. 한국의 아이들은 세계에서 가장 빠른 인터넷을 태어나면서부터 가지고 놀던 아이들입니다. 그리고 그런 속도감을 가진 게임을 통해서 어울리고 자란 세대입니다. 그래서 세상을 마치 게임을 하듯이 여기는 성향이 있습니다. 사이버 세상과 현실의 세계를 구분하지 못하는 일도 있습니다. 여기에 즐거움을 추구하는 성향이 굉장히 강합니다. 지루하고 재미 없으면 그것으로 끝입니다. 가치와 의미 따위는 전혀 관심이 없습니다. 곧바로 다른 데에 관심을 돌립니다. 또한 매우 충동적이며 지극히 자기중심적입니다. 나만 아니면 된다는 심리가 강합니다. 이런 특성을 가진 아이가 바로 우리 자녀입니다. 부모가 이런 특성을 알고 이해해야 합니다. 안 그러면 말이 안 통합니다. 세상을 보는 인식의 출발점 자체가 다른데 어떻게 대화가 되겠습니까?

부모 노릇하기 참 어렵다고 말합니다. 네, 어려운 일입니다. 세상에서 가장 어려운 농사가 자식 농사라고 합니다. 그래서 자식을 낳았다고 다 부모는 아닙니다. 부모가 되기까지의 과정이 있고 훈련이 필요합니다. 책임감을 가지고 자격을 갖춰야 합니다. 하나님이 주신 양육이라는 거룩한 부담을 가져야 합니다. 거저 먹으려는 마음은 안 됩니다. 좋은 부모가 되기 위해서 가장 먼저 할 일은 우리의 자녀를 제대로 아는 일입니다. 다 안다고 하지만 이렇게 모르는 부분이 많이 있지 않습니까? 그리고 자녀 각자의 특성에 맞게 대해 주어야 합니다.

가장 중요한 것은 믿어주고 인정해 주는 것입니다. 청소년기는 매슬로우의 욕구 5단계 이론 가운데 소속과 사랑의 욕구가 극대화되는 시기입니다. 단지 집이라는 울타리를 제공하고 먹여주고 재워준다고 소속의 욕구가 충족되지는 않습니다. 가정에서 어떤 대우를 받고 어떤 관계를 맺는가에 따라서 아이들의 발달과 행동은 달라집니다. 이것은 전적으로 부모에게 달린 일입니다. 학교라는 공교육으로 해줄 수 있는 문제가 아닙니다. 그래서 가정이 가장 중요한 학교요 부모가 최고의 교사라는 것입니다. 여러분은 부모로서의 교사 자격증을 갖추고 있습니까?

4) 자녀의 행복을 찾아주는 양육

저는 아이들을 키우면서 숨이 트이는 교육을 하고 싶었습니다. 많은 기업을 다니면서 강의 현장에서 다양한 사람들을 만나면서 느낀 것은 이론만이 아니라 정말 행복은 성적순이 아니라는 사실을 체험하였습니다. 좋은 대학 간판과 좋은 직장이 그 사람의 행복을 보증하지는 않는다는 사실도 알았습니다. 그래서 아이들을 행복한 사람으로 키우고 싶었습니다. 초등학교에 다니는 동안에는 학원이나 과외를 시키지 않았습니다. 책을 많이 읽도록 환경을 만들어 주고 직업상 책을 늘 읽어야 하는 제 영향으로 집에는 항상 책이 많았습니다.

하지만 저도 별 수 없는 아빠의 한 사람인지라 중학교에 진학하면 그 때는 제대로 공부를 강화해서 시켜야 하겠다고 늘 마음 속으로 준비하고 있었습니다. 동네의 여러 학원도 직접 알아보고 아내가 상담도 하면서 미리 준비하고 있었습니다. 그리고 드디어 큰 아이가 중학교에 입학을 하자 곧장 학원을 보냈습니다. 어렵게 시험을 통과하여 수준별로 진행되는 학원에 등록시키고 옆에서 봐도 타이트한 일정으로 학원 공부를 시켰습니다. 공부 하나는 누구에게도 뒤지지 않던 저였기에 철저히 지도하고 따라 가도록 독려도 하였습니다. 다행히 성적도 곧잘 나왔기에 내심 기대도 생겼습니다.

그러던 어느 날인가 아들이 면담을 하자고 합니다. 아들이 제게 던진 말은 '아빠, 저는 공부가 길이 아닌 가봐요. 공부 안 할래요, 피아노 치게 해주세요.' 였습니다. 초등학교 시절을 어떻게 하든 놔두고 중학교에 가면 본격적으로 공부의 길로 이끌어 가리라고 내내 다짐하고 준비한 저에게는 날벼락 같은 선언이었습니다. 여러 차례에 걸쳐 설득해보고 대화도 했지만 결국 아이는 공부에 마음이 없다는 것입니다. 그 노력으로 피아노를 전공으로 해보겠다고 했습니다. 피아노 치는 노력으로 공부를 하면 그 길이 더 빠르다는 것부터 시작해서 피아노 전공해서 세상 살아가는 것이 공부해서 살아가는 것보다 훨씬 더 힘든 길이라는 것까지 다양한 이야기를 해도 안 되었습니다.

잠시의 고민 끝에 저와 아내는 결단을 내렸습니다. 아이의 뜻을 받아주고 밀어주자고 말입니다. 남들에게는 좋아하는 일을 해야 행복하다느니 공부가 인생의 전부는 아닌 세상이라느니 강의는 했으면서 정작 내 아들이 공부가 아닌 길로 간다니까 불안했습니다. 그래도 나부터 실천하자는 마음으로 뜻을 받아 주었습니다. 그때부터 지금까지 우리 부부는 아이의 지원자가 되었고 학교를 찾아가서 담임 선생님과 면담을 하면서 아이의 비전을 상의하여 학업에 스트레스 안 받고 피아노만 제대로 할 수 있도록 자율 학습 시간을 빼주는 등의 역할을 했습니다.

그렇게 시작한 피아노 전공의 길이 중간에 클래식에서 재즈로 바뀌는 과정을 거쳐 실용 음악과 피아노 전공으로 굳어졌고, 이제 고3이 되어 입시 준비를 하고 있습니다. 얼마 전에는 CBS에서 주최하는 전국 학생 실용음악 콩쿠르에서 2등을 하기도 했습니다. 이제 어느 대학에 진학할 것인가 기도하고 준비하는 중이지만 아이도 행복해하고 저희 부부도 자랑스럽습니다. 덕분에 청소년기를 큰 탈 없이 보냈고, 가끔씩은 학교에서 아이들이 아무런 꿈도 없이 그저 부모님 성화에 스트레스 받으며 무의미하게 생활하는 모습을 안타까워 하는 아이로 자랐습니다. 친구들이 우리 가정을 이상한 집이라고 한답니다. 부모님도 많이 배우신 분들이고 잘 나가는 것 같은데 어떻게 공부하라고 안 하고 아이가 하고 싶은 것을 하도록 놔두냐는 것입니다. 아마 저와 같은 부모를 그 친구들은 못 만나 보았나 봅니다.

　말로는 적성을 찾아야 한다, 좋아하는 일을 해야 행복하다, 스펙이 다는 아니다라고 하지만 막상 자신의 자녀에게 적용하려면 쉽지가 않습니다. 어떻게 먹고 살려고 그러느냐는 생각이 앞서게 됩니다. 남들을 보면 불안하기만 합니다. 막연히 아이의 길을 정해줄 뿐입니다. 그러나 분명한 것은 부모는 자녀를 행복하게 키워야 한다는 것입니다. 아이가 행복하지 못하면 성공할 수도 없고 성공도 무의미해집니다. 부모의 의지대로 키워 놓으면 다 커서 자녀는 떠나갈 수도 있습니다. 지금까지 부모님의 뜻대로 살아줬으니 이제부터는 자신의 뜻대로 살겠다 하여 부모와 헤어지는 일도 생깁니다. 고생을 해서 명문대에 입학을 하고 나면 이제까지는 부모님 소원을 들어 주었으니 앞으로는 자신의 소원대로 살겠다고 선언하고 떠납니다. 이런 식의 떠남은 우리가 바라는 것이 아닙니다.

　많은 부모들이 행복을 오해하고 있습니다. 성공하고 잘 살게 되면 행복할 것이라고 생각합니다. 그럴 수도 있겠지만 그렇지 않은 경우가 더 많습니다. 사람은 자아 실현의 욕구가 있습니다. 이것은 성취욕구보다 더 위에 있는 욕구입니다. 나의 나 된 모습을 찾아서 만족함을 가지고 살지 못하면 행복하지 않습니다. 원래 행복이라는 단어는 제레미 벤담이라는 학자가 '최대 다수의 최대 행복' 이라는 표현을 사용하면서 생겼습니다. 19세기 영국의 공리주의 사상에서 출발한 개념입니다. 그리고 일본인들이 Happiness를 '행' 자와 '복' 자를 연결하여 오늘날의 행복이라는 말을 만들어 낸 것입니다.

　결국 이 때부터 행복이라는 단어가 공리주의의 영향으로 수치화

되고 외형화되는 개념으로 만들어지다 보니까 행복은 많이 성취해야 하며, 계량화하는 것에 초점을 맞추어 얼마나 소유했는가와 같은 기준을 생각하게 된 것입니다. 자본주의 사회에 있어서 행복은 당연히 소비와 소유의 크기로 행복을 측정하고 재단하게 된 것이지요. 철학자 탁석산은 그의 저서 '행복 스트레스'에서 이러한 행복의 개념에 따르다 보니 세상에는 소유할 수 없는 수 많은 조건들이 생기게 되고 이에 따라서 생겨난 것이 행복 스트레스라고 주장합니다. 오히려 행복해지려는 스트레스보다는 좋은 삶을 살려는 시도가 더 현명한 일이라고 말합니다.

아무튼 저는 계량화된 사회 지표로서의 행복이 아니라 자신의 삶에서 맛보는 질 좋은 만족감, 그리고 그에 따른 감사할 수 있는 마음을 행복이라고 표현하고 싶습니다. 이런 행복은 무엇을 성취했느냐와 무엇을 소유하고 있느냐로 판단할 수는 없는 것입니다. 삶의 가치 기준에 따라서 다를 수는 있겠으나 인간의 본성적 욕구에 의하면 공리주의식 행복의 계량화는 많은 부분에서 부족함을 드러낼 수 밖에 없는 것입니다. 탁석산의 책은 소비에트 대백과 사전의 행복이란 정의를 인용합니다. **'자신의 존재 조건에 대한 최대의 내면적 만족으로 충만하고 의미 있는 삶과 자기 삶의 목적 실현에 부응하는 존재 상태에 대한 인간 정신의 의식'** 이라는 정의입니다. 사회주의 세계에서 정의한 내용으로는 놀랍지 않습니까?

행복에 대해서 말씀 드린 이유는 부모는 자녀의 행복을 위해서 양육의 초점을 재조정할 필요가 있기 때문입니다. 지금 여러분의 자녀 양육은 누구의 행복에 초점이 맞춰져 있습니까? '다 너 잘되라는 것이지

내가 무슨 덕을 보자는 것이냐? 라고 말은 하지만 진실로 누구의 행복이 우선입니까? 이 문제가 해결되지 않으면 자녀 양육의 본질적인 방향은 바뀌지 않을 것입니다. 그리고 자녀와의 평행선은 여전할 것입니다. 또한 부모와 자녀 모두의 행복은 요원할 것입니다. 이제 우리 부모들이 변하여 자녀의 행복을 찾아주어야 합니다. 그것이 진정한 부모 노릇입니다.

'자산이 적어도 여호와를 경외하는 것이 크게 부하고 번뇌하는 것보다 나으니라'(잠 15:16) '마른 떡 한 조각만 있고도 화목하는 것이 제육이 집에 가득하고도 다투는 것보다 나으니라'(잠 17:1)라는 성경의 말씀을 살펴보십시오. 행복은 소유가 아닙니다. 신앙으로 양육한다고 하면서도 궁극적으로는 소유에서 벗어나지 못하는 가르침을 준다면 그것은 크리스천 가정의 올바른 양육이 아닐 것입니다. 이제 우리의 자녀가 자신의 존재 가치를 인정하고 의미 있는 삶의 목표를 추구하도록 부모가 서포터가 되어야 합니다. 이런 가정이 있어야 교회가 변하고 사회가 변합니다.

서울대 교수이면서 교육부 장관을 역임하고 지금은 서울시 교육감으로 일하시는 교육학자 문용린 박사도 부모가 자녀 교육에서 알아야 할 비밀은 교육의 목적을 '성공'이 아니라 '행복'에 두어야 한다고 말합니다. 영국의 오스왈드 교수는 '행복을 찾으려면 돈을 많이 버는데 시간을 허비하지 말고 인간관계와 가족관계에 더 투자하는 것이 현명하다'고 말합니다. 행복한 자녀로 키워야 하는데 그 행복은 소유가 아니라 관계 등의 다른 가치라는 것입니다. 문용린 박사는 자녀에게 가르치고 심어주어야 하는 가치로서 '정약용책배소' 를 제시합니다. 이것은 '정직, 약속, 용서, 책임, 배려, 소유' 를 뜻합니다. 우리의 자녀들에게 먼저 심어주어야 할 도덕적 가치관의 밑거름이 되는 6가지 항목입니다.

자녀들이 행복한 삶을 살고 건강한 사회인의 한 사람 몫을 감당하려면 도덕적 기반을 갖춰주라는 것입니다. 특히나 청소년들에게 부족한 부분이 사회적인 도덕성입니다. 친구를 왕따시키고 학대하면서도 죄책감을 느끼지 못하는 것은 그만큼 도덕 불감증이 심하다는 것입니다. 심지어 '리셋 증후군' 이라는 말도 나왔습니다. 사람을 죽이거나 동물을 죽이는 등의 잔인한 짓을 저지르고도 버튼 하나 눌러서 리셋만 하면 된다는 빗나간 도덕성을 가지고 있는 요즘 청소년을 겨냥한 단어입니다. 일반적으로 부모가 성공 지향적이고 소유 지향적인 가치관을 바탕으로 살면서 가르친 결과입니다.

제 큰 아이가 피아노를 선택하고 전공으로 삼기로 진로를 결정할 수 있었던 것은 갑자기 된 것이 아닙니다. 교회 유치원에서 음악 발표회를 하던 날, 제 아내가 연주회를 보다가 특이한 점을 발견했습니다. 다른 아이들은 모두 고개를 숙이고 입으로 불면서 연주하는 아코디언 건반만 쳐다보면서 연주하는데 우리 아이만 혼자서 고개를 들고 지휘하는 선생님을 바라보면서 연주를 하더랍니다. 그때, 이 아이에게 음악적 소질이 있는 게 아닌가 생각하고 피아노 학원에 데려 갔습니다. 그리고 배우고 싶으냐고 물었더니 배우겠다고 해서 그때부터 계속 피아노를 배우게 했습니다. 처음 피아노를 시작하고부터 지금까지 한번도 빼먹지 않고 피아노를 계속하고 있었습니다. 초등학교 5학년 때인가 도저히 말을 안 들어서 제가 벌을 준 것이 피아노 학원 한 달간 정지였을 정도로 피아노를 좋아했습니다.

자녀가 무엇에 소질이 있고 무엇을 좋아하는지는 부모가 가장 잘 찾을 수 있습니다. 아무래도 어릴 때부터 함께 있는 시간이 많고 아이의 성향과 생활 모습을 가장 잘 관찰할 수 있는 위치에 있기 때문입니다. 물론 선생님이 소질을 알아보고 추천하는 경우도 있겠지만 아무래도 부모가 관심을 가지고 아이의 습성을 관찰하고 대화를 통해 알아보는 것이 가장 좋겠습니다. 제 둘째 아이의 경우도 어려서부터 동물이나 곤충을 유난히 좋아했고, 그림책에서도 어른이 보기에도 징그러운 생물 그림조차 좋아하는 것을 보고 동물관련 분야에 관심이 있음을 알았습니다.

결국 초등학교 때 집에서 토끼를 기르기 시작하면서 자라와 거북이도 키우게 되었고, 중3인 지금까지 집에 수족관을 여럿 만들고 인터넷으로 정보를 수집하여 필요한 것을 마련하고 본인 책임하에 잘 키우고 있습니다. 저희 집은 아파트인데 아이가 토끼를 기르게 되면서 베란다를 막아서 토끼장을 만들어 주었습니다. 처음부터 지금까지 한 번도 싫증을 내지 않고 토끼 똥을 치워주고 먹이를 주문하고 수족관 물을 갈아주면서 행복해 합니다. 지금은 장래 꿈이 동물관련 생태학자입니다. 동물과 지구를 보호하는데 필요한 생태학자가 되겠답니다.

자신이 무엇에 관심이 있고 무엇을 해야 할지 아는 것에서 행복은 시작됩니다. 이것을 부모가 함께 찾아주는 역할을 해야 합니다. 설령 부모의 기대나 생각과 다른 방향이라도 자녀의 적성과 소질을 최대한 반영하고 존중해 주어야 합니다. 아이들에게는 다양한 능력이 있습니다. 저마다 좋아하는 분야가 모두 다릅니다. 그런데 획일적으로 어느 대학 무슨 학과라는 식으로 강제하는 것은 부모 자신의 대리 만족을 위한 것밖에 안 되는 것입니다. 이렇게 자녀의 특성을 파악하고 저마다의 강점을 살려서 진로를 지도하고 서포트하기 위해서 인간에게는 다중 지능이 있음을 알아야 합니다. 우리 부모 세대는 오로지 인간의 지능을 IQ 하나만 있는 것으로 알고 살았습니다. 하지만 하버드대학의 하워드 가드너 교수에 의하면 인간의 지능은 모두 8가지가 있다는 것입니다. 그래서 다중지능 이론입니다.

우리가 맹신하고 있는 IQ는 극히 일부의 능력을 측정하는 수단일 뿐입니다. 그리고 학습 효과가 있어서 성장하면서 자주 반복해서 측정하면 일정 부분 향상되는 결과를 얻을 수가 있습니다. 게다가 정서적인 능력이나 사회적인 능력은 측정이 안 되는 한계성을 보입니다. 그런데도 우리는 IQ만을 추종하고 그것만을 근거로 판단합니다. 자연히 아이의 소질과 강점을 찾아낼 수가 없는 것입니다. 대개 부모는 자신이 보고 싶은 것만 보고 듣고 싶은 것만 듣습니다. 아이가 놀고 있는 모습을 잘 관찰한다고 하면서도 부모 자신의 기준과 기대를 투사해서 선택적으로만 기억을 합니다. 그래서 아무리 봐도 아이의 특별한 점이나 장점을 발견할 수가 없다고 하는 부모가 많습니다. 단지 아이의 놀이 모습만을 겉으로 보고 있다고 관찰을 한 것은 아닙니다. 어떤 식으로 노는지와 놀이 도구를 어떻게 다루는 지, 그리고 어떤 행동을 잘하는 지 등을 입체적으로 바라봐야 합니다.

일상의 생활이 부모에게는 자녀의 강점 지능을 찾아볼 수 있는 관찰의 기회입니다. 함께 식사하면서 대화를 할 때에도 주로 어떤 주제를 많이 이야기 하며 평소에 밖에서도 어떤 일을 잘하는 지를 살필 수 있습니다. 영화나 드라마를 보고 나서의 반응도 아이마다 다릅니다. 그럴 때 아이의 관심과 강점이 나타나는 것입니다. 책상 정리하는 모습을 통해서도 살필 수 있고, 여행을 하면서도 주로 무엇에 관심을 가지는지, 무엇을 시키면 잘 해내는지를 살피면 많은 참고가 되면서 가장 정확한 분석이 될 수 있습니다. 그런데 이런 식의 관심과 관찰을 할 여유와 훈련이 안 되어 있기 때문에 부모 자신은 늘 관찰을 하는데도 잘 모르겠다고 하는 것입니다.

저희 집의 두 아이들은 확연히 다른 성향을 보이면서 각자의 분명한 강점 지능을 보였습니다. 큰 아이는 음악 지능과 인간 친화 지능을 강점으로 보였습니다. 언급한대로 어려서부터 음악에 소질과 관심을 많이 보였고, 특히 청음 능력이 좋아서 옆에서 전화기 버튼을 누르는 소리만 듣고도 음계를 말할 정도입니다. 그리고 전학을 한 당일 학교를 마치고 친구 다섯 명을 집으로 데려오는 인간 친화 지능을 보였습니다. 둘째는 어려서부터 그렇게 복잡하고 긴 공룡의 이름을 줄줄 외우고, 과학 시간에 배운 이론을 몇 년이 지난 후에도 저에게 설명을 해줄 정도로 관심이 많았습니다. 이런 자연친화 지능과 함께 언어 지능도 높아서 학교에서 독후감 쓰기를 하면 한번도 상을 놓친 적이 없습니다. 학교에서 실시한 다중지능 검사 결과를 보았더니 두 아이 모두가 정확하게 일치하는 결과를 보고 저도 놀랐습니다.

이제 간략하게 8가지의 다중지능에 대해서 알아보도록 하겠습니다. 이 분야만 가지고도 책이 한 권 나올 정도이므로 정말 핵심만 정리

할 것입니다. 향후 여러분들의 추가적인 노력과 학습이 반드시 필요한 부분이니 꼭 깊이 있는 공부를 해보시기 바랍니다. 먼저 8가지의 다중 지능이란 언어지능, 인간친화 지능, 자연친화 지능, 자기성찰 지능, 공간지능, 음악지능, 신체운동 지능, 논리수학 지능을 말합니다. 아이들이 이런 8가지의 지능 가운데 자신이 가지고 있는 강점 지능을 찾아서 그 분야로 재능을 개발하고 진로를 잡는다면 막연하게 일반적인 노력으로 학습하고 진로를 결정하여 나가는 것보다 훨씬 성과도 좋을뿐더러 행복해질 것입니다. 행복한 성공자가 되도록 도와주는 선한 청지기로서의 부모가 되길 바랍니다.

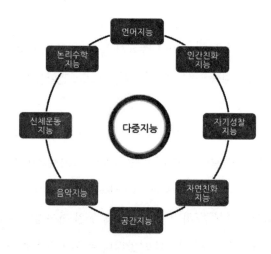

〈 8가지 다중지능 〉

언어지능은 말과 글에 대한 이해력과 그것을 활용하여 새로운 것을 창조하는 능력을 말합니다. 직업적으로 아나운서, 기자, 정치인, 소설가 등이 주로 언어지능이 뛰어난 사람들입니다. 사람이라면 누구나 언어를 사용하여 의사소통을 합니다. 그래서 보편적인 지능이라고 할 수 있는데 여기에는 말하기, 듣기, 쓰기, 읽기의 네 종류의 영역이 있습니다. 같은 언어지능이라도 사람마다 영역별로 강점이 또 다릅니다. 어떤 사람은 말은 잘하는데 글 솜씨는 부족한 사람이 있고 그 반대의 경우도 있습니다. 언어지능의 발달을 위해서는 역시 독서와 토론이 최고입니다.

인간친화지능은 사람들의 기분이나 성향 등을 잘 알아내거나 사람들과 효과적으로 관계를 맺고 중재하는 등의 능력입니다. 직업적으로는 사업가, 정치인, 컨설턴트, 교사, 상담가, 종교인 등에 해당합니다. 이것은 사회성이나 리더십과 밀접한 관계가 있습니다. 인간친화지능을 위해서는 무엇보다 가족 구성원끼리의 사회성을 가르쳐야 합니다. 가정이 사회의 가장 기초가 되는 단위이므로 여기에서부터 인간친화지능을 학습하는 것입니다. 그리고 타인을 배려하고 공감하도록 가르쳐야 합니다. 글로벌 시대가 되면서 인간친화지능은 더욱 중요한 지능이 되었습니다.

자기성찰지능은 자신의 감정을 잘 파악하고 컨트롤할 수 있는 능력입니다. 직업적으로는 종교인, 심리학자, 철학자, 예술가 등입니다. 이 능력은 다른 모든 능력을 받쳐주는 기틀이 된다는 점에서 중요합니다. 아무리 음악지능이 뛰어나도 목표를 향해서 인내하고 자신을 컨트롤하여 훈련하지 못한다면 음악지능도 무용지물이 되기 때문입니다. 따라서 부모는 어려서부터 자녀의 자존감을 키워주고 아이를 격려하며 목표와 비전을 심어주도록 해야 합니다. 이런 과정을 통해서 자기성찰 지능은 얼마든지 향상되기 때문입니다.

자연친화지능은 동식물이나 주변 환경에 특별한 관심을 가지며 전문적인 지식과 경험을 가지는 것입니다. 직업으로는 동식물학자, 과학자, 환경운동가, 조경사, 수의사, 원예가 등입니다. 아이들이 자연환경을 좋아하고 동식물 기르기를 통해서 만족감을 얻는다면 이 지능이 높은 것입니다. 자연친화 지능의 향상을 위해서는 무엇보다도 현장에 나가서 직접 체험하게 하는 것이 좋습니다. 가족여행을 해도 저희 작은 아이는 직접 바다도 보고 중간 중간에 멈춰서 체험하기를 좋아하는데 큰 아이는 귀찮다고 차 안에서 기다리는 모습을 보면서 큰 차이를 느꼈습니다.

공간지능은 지도, 도형, 그림, 3차원 공간 등에 대한 이해력입니다. 이 지능이 높으면 머릿속으로 공간에 대한 상상과 입체화가 자유롭게 됩니다. 직업으로는 건축가, 미술가, 디자이너, 조종사, 사진작가, 지질학자 등에 해당합니다. 일단 낯선 길을 찾고 한 번 갔던 길을 능숙하게 찾는다든지 본인이 인지하는 공간에 대해서 변형하고 추리하는 능력이 있다면 이 능력이 뛰어난 것입니다. 장난감을 가지고 기발하게 조립하거나 도면만 보고도 전체 건축물을 입체적으로 떠올리는 것은 공간지능과 관련된 것입니다. 낙서를 하거나 모형 만들기를 즐기고 스스로 길을 찾아서 가보도록 하는 것은 공간지능 개발에 도움이 됩니다.

음악지능은 리듬, 음정, 소리 등에 민감하고 선율과 화성의 이해에 뛰어난 능력을 말합니다. 이 지능은 비교적 어릴 적에 나타나는 능력이므로 부모는 세심하게 관찰하여 음악지능을 살려줘야 합니다. 직업으로는 연주가, 작곡가, 음악 평론가, 피아노 조율사, 성악가, 음악 치료사 등에 해당합니다. 음악지능은 환경적으로 음악과 자주 접촉하도록 유도하는 것이 중요합니다. 그런데 음악지능이 높다고 무조건 연주가가 되어야만 하는 것은 아닙니다. 이 세상에는 종교, 체육, 영화 등 음악을 활용하는 영역이 무수히 많습니다. 이런 다양한 분야에 접목할 기회를 찾는 것도 필요합니다.

신체운동지능은 신체활동과 관련된 영역에 호기심을 가지고 다양한 형태의 활동을 해내는 능력입니다. 직업으로는 각종 스포츠 분야의 선수, 무용가, 물리 치료사, 레크리에이션 지도자, 경호원, 스포츠 과학자 등이 있습니다. 이 지능은 아이들의 사회성과도 밀접하게 연결되어 있습니다. 신체운동 지능이 높을수록 활동성이 좋아서 또래 집단과 어울리기에 유리하기 때문입니다. 아이가 다양한 활동에 노출되도록 신경을 써서 신체 발달과 운동지능이 유기적으로 연계되도록 하는 것이 중요합니다.

논리수학지능은 우리가 가장 친숙한 IQ의 개념과 가깝습니다. 숫자나 규칙, 논리적 해석에 뛰어나고 문제를 해결하는 능력입니다. 직업으로는 회계사, 경영자, 수학자, 과학자, 교수, 펀드 매니저, 프로그래머 등입니다. 추리 소설이나 탐정 놀이를 즐기기도 하고 사건의 앞과 뒤의 연관 관계를 잘 파악하는 특징이 있습니다. 이 지능은 다시 숫자 개념과 논리적 사고로 나눌 수가 있습니다. 그러니까 숫자 개념은 뛰어난데 논리적인 추론이나 인과 관계의 해석은 약할 수도 있고 반대로 아인슈타인처럼 최고의 과학자도 유독 숫자 계산에는 취약한 경우가 있습니다. 일상 생활에서 거부감을 주지 않으면서도 숫자 개념을 심어주는 교육 방법을 찾거나 도형 놀이 등의 활용도 이 지능의 개발에 필요합니다. 아이들의 질문에 정성껏 구체적으로 대답해 주는 자세도 중요한 요인이 됩니다.

그런데 이런 강점 지능은 사람마다 단지 한 가지만 갖고 있는 것이 아닙니다. 복수의 강점 지능을 가지고 있을 수 있습니다. 그리고 복수의 강점 지능을 결합해야 비로소 의미 있는 결과를 만들 수가 있습니다. 예를 들어, 작곡을 하려면 단순히 음악지능만 있으면 되는 것이 아니고 공간지능이 받쳐줘야 입체적인 음계의 조화를 만들어서 좋은 작곡가가 되는 것입니다. 여기에다 자기성찰 지능을 바탕으로 힘들어도 인내하고 도전하는 노력도 있어야 하는 이치입니다. 훌륭한 운동선수가 되기 위해서도 신체운동 지능에 덧붙여서 공간을 꿰뚫어 보는 능력에 논리적인 판단능력과 인간친화 지능이 있어야 가능한 것입니다. 이렇게 여러 가지의 강점 지능을 조합하여 시너지를 내도록 훈련하고 역량을 키워줘야 하는 것입니다.

이제 부모 리더십을 올바로 발휘한다는 것은 자녀의 성적만을 기준으로 일률적인 목표만을 강요하지 말고 자녀의 강점 지능을 찾아주는 노력으로 행복한 성공자로 성장할 수 있도록 지지해주는 것이 핵심이라는 사실을 인식했을 것입니다. 잠언 22장 6절에서는 '마땅히 행할 길을 아이에게 가르치라 그리하면 늙어도 그것을 떠나지 아니하리라'고 했습니다. '마땅히 행할 길'이란 아이들의 특성을 말합니다. 아이들의 고유의 특성을 살펴서 거기에 맞게 가르쳐야 함을 의미합니다. 영국의 철학자 존 로크는 인간은 백지상태로 태어나서 어떤 환경에서 성장하느냐에 따라 발달이 크게 달라진다고 했습니다. 이 환경 가운데 가장 중요한 환경이 부모라는 환경입니다.

미국 최초의 흑인 대통령인 버락 오바마는 일반적인 기준으로 본다면 형편 없는 가정 환경에서 자랐습니다. 어머니가 두 번이나 이혼을 한 가정에서 혼란스러운 사춘기를 보냈습니다. 환각제까지 손에 댔을 정도로 희망이 없는 고등학교 시절을 보냈지만 어머니의 격려와 도전으로 하버드대 로스쿨을 나오고 결국 대통령까지 되었습니다. 오바마는 자신의 좋은 자질은 모두 어머니에게 물려받았다고 말할 만큼 어머니라는 위대한 환경을 가지고 있었습니다.

너나 없이 성적에 올인하고, 성적에 맞춰서 진학을 하고, 성적에 맞춰서 진로를 선택하는 일은 이제 버려야 하지 않을까요? 자녀의 타고난 강점을 키워주고 자녀의 행복에 초점을 맞추어 부모의 욕심과 허영은 내려 놓는 결단을 해야 합니다. '그런즉 먹든지 마시든지 무엇을 하든지 다 하나님의 영광을 위하여 하라'(고전 10:31)는 말씀을 따라서 크리스천 가정에서의 양육 목표는 온전히 하나님의 영광이 되어야 할 것입니다. 소유가 아닌 관계에서 행복을 찾아야 합니다. 그 중에서도 하나님과의 관계가 으뜸입니다. 이런 이치를 부지런히 가르치고 훈육하는 부모가 진짜 리더십을 가진 부모일 것입니다.

이제 부모 리더십의 마지막 부분으로 양육의 거룩한 책임을 안고 있는 부모 자신들의 기질적 특성을 앞에서 이미 개요를 소개한 바 있는 에니어그램으로 분석하여 리더십의 효과성을 올릴 수 있는 방안을 소개하겠습니다. 자녀들의 특성을 파악하고 양육하는 것 못지 않게 부모 자신의 기질과 성향의 특성을 바로 인식하는 것은 어떻게 자녀를 대할 것인가를 결정하는데 매우 중요한 요소입니다. 에니어그램이란 영역은 매우 심오하고 광범위한 내용을 포함하고 있는 까닭에 여기서는 압축적인 일부 내용만을 적용하는 한계를 이해해 주시기 바랍니다.

에니어그램이란 다양하고 복잡한 개인의 인격을 파악하는 실용적인 도구인데 그 유래는 기원전 2,500년 전에 중동 지역에서 전래되어 온 고대의 지혜라고 알려져 왔습니다. 이것을 1960년대 심리학자인 이카조와 나란조가 성격 유형의 연구를 위해 이론적으로 해석하여 정리하고, 이후 많은 후대의 연구자들이 체계적으로 발전시켜 온 것입니다.

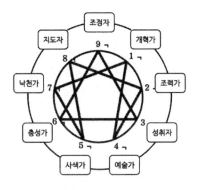

〈 에니어그램의 9가지 유형 〉

에니어(ennea)는 그리스어로 "아홉"을 의미하고 그램(gram)은 "점"을 뜻합니다. 그러니까 에니어그램이란 말의 의미는 "아홉 개의 점"이 되는 것입니다. 에니어그램의 상징이 원 안에 아홉 개의 점이 그려진 별 모양인 것도 이런 이유입니다. 에니어그램은 사람들이 느끼고 생각하고 행동하는 유형을 아홉 가지로 분류하여 그 중 하나의 타고난 유형을 찾아가는 행동과학이라고 할 수 있습니다. 에니어그램에는 이렇게 아홉 가지의 유형이 있고 각각 독특한 사고방식, 감정, 행동을 표현하며, 서로 다른 발달행로와 연결되어 있습니다. 나라와 문화마다 개인적인 차이가 있겠지만 에니어그램은 같은 유형끼리는 문화권이 달라도 그 기본적인 인성적 성장과 동기는 같습니다.

에니어그램은 힘의 흐름을 중심으로 크게 머리형, 심장형, 장형으로 나눈다고 하는 내용은 앞에서 언급하였습니다. 여기에서는 각 힘의 유형 안에서 다시 어떻게 세부적으로 나뉘는지를 말씀드리겠습니다. 3가지 힘의 유형 안에는 다시 각각 3가지의 세부 성격 유형이 존재합니다. 즉, 심장형에는 2,3,4번 유형의 3가지 유형이 있고, 머리형에는 5,6,7번 유형이 있으며 장형에는 8,9,1번 유형이 있는 것입니다. 이렇게 9가지 유형의 특성을 살펴보면서 부모로서의 장점과 보완할 점을 찾아서 적용하자는 것입니다.

▍심장형 (2,3,4번 유형)의 특징과 보완점 ▍

2번 유형을 흔히 **조력자**라고 부릅니다. 자신을 희생해서라도 타인을 돕는 데서 만족감을 느끼는 유형입니다. 이들은 대개 남에게 따뜻하고 친절하며 사람을 좋아합니다. 타인에게 관대하며 부드럽습니다. 그리고 칭찬을 잘하며 항상 누군가에게 도움을 베풀기를 좋아합니다. 또한 직관이 발달하여 주위 사람들의 기분을 이해하고 거기에 맞추는 적응력이 뛰어납니다.

2번 유형의 주요 특징을 표현하면 다음과 같습니다.

- 따뜻하고 친절하다
- 받는 것보다 주는 것이 더 편하다
- 타인을 돌보느라고 완전히 지칠 때가 많다
- 가끔씩 깊은 외로움을 느낀다
- 타인에게 필요한 존재가 되고 싶어한다
- 타인이 내가 한 일에 고마움을 느끼지 않으면 상처 받는다

그런데 이들은 타인이 자신을 필요로 하지 않거나 자신의 도움과 배려에 고마워하지 않는다고 느끼면 매우 낙담하거나 분노하기 쉽습니다. 타인에게 사랑과 정성을 쏟아 부은 만큼 자신도 그 대가로 사랑을 받아야 직성이 풀리는 유형입니다. 따라서 이런 유형의 부모는 자칫하면 자녀들을 자신의 손 안에 넣고 있으려는 소유욕이 강할 수 있어서 갈등의 원인이 되기도 합니다. 그러므로 2번 유형의 부모는 먼저 건강한 자아 정체성을 확립할 필요가 있습니다. 자녀에게 모든 것을 걸고 헌신하는 것만이 자녀를 위한 길이 아니며 오히려 자녀에게 잘못된 부담으로 작용할 여지가 있음을 인식하는 것이 중요합니다. 그리고 자신이 자녀에게 베푸는 것이 순수한 의도에서가 아니라 무엇인가의 보상 심리를 바탕으로 한 것은 아닌지 판단할 필요도 있습니다. 무엇보다 자녀를 포함하여 주위의 모든 사람들에게 인정받고 좋은 사람으로 여겨지기를 바라는 마음을 내려 놓기 바랍니다. 그리고 자신의 의도와 마음을 타인에게 분명하게 말할 수 있는 용기가 필요합니다.

3번 유형은 **성취자**라고 부릅니다. 이들은 인생의 가치를 '실패냐 성공이냐'라는 척도로 보고 있습니다. 대체로 열정적이면서 실적을 중시하며 일에서나 인간관계에서 성공을 꿈꿉니다. 항상 자신감에 넘치는 분위기를 보이고 주위 사람들에게 성공했다는 평을 듣는 것으로 만족감을 느낍니다. 이들은 언제나 의욕에 넘치는 자세로 일이나 사람을 대하며 사교성도 높은 편입니다. 또한 주어진 상황에서 최선을 다하여 해답을 찾으려고 도전합니다. 따라서 사람들로부터 능력을 인정받는 편이고 화술도 뛰어납니다.

3번 유형의 주요 특성을 표현하면 다음과 같습니다.

- 잠재력을 인정받기 위해 끊임없이 노력한다
- 언제나 자신감과 에너지가 넘친다
- 시키지 않아도 스스로 일하며 새로운 목표를 설정한다
- 다른 사람과 어울리는 것이 어색하지 않다
- 많은 성공을 거둔 사람을 부러워하는 경향이 있다
- 일을 효율적으로 잘 처리하며 동시에 여러 가지 일을 할 수 있다
- 자신의 과거 성공이나 실적에 대해 이야기 하는 것을 좋아한다

이런 유형의 부모는 지나치게 경쟁심이 강하고 성취욕구가 남달라서 자녀를 압박하는 원인이 되기도 합니다. 인생을 성공이냐 실패냐로 판단하는 경향이 있으므로 자녀들의 성적이나 성취 정도에 매우 민감하고 자신만큼의 성취욕구가 없다고 판단하면 매우 강하게 밀어부치는 성격이라고 할 수 있습니다. 일 중독의 부모 밑에서 자란 아이들이 극심한 스트레스를 받는 것을 생각하면 이해가 될 것입니다. 3번 유

형의 부모는 일단 무조건적인 자녀를 위한 사랑의 마음을 가질 필요가 있습니다. 자녀가 무엇을 성취하였기 때문에 사랑하는 것이 아니라 자녀이기 때문에 사랑한다는 것을 전할 필요가 있다는 것입니다. 그리고 자녀 개개인의 능력과 특성을 인정하고, 1등만이 아니라 꼴등도 나름의 의미가 있다는 것을 받아들이는 것이 중요합니다. 부모 자신의 능력과 일처리 속도를 자녀가 따라오지 못하더라도 그럴 수 있음을 이해하는 자세가 필요합니다. 자신의 지나친 열정과 뛰어난 능력이 자칫 자녀를 숨 막히게 만드는 원인이 됨을 알아야 한다는 것입니다.

4번 유형은 **예술가**라고 불립니다. 이들의 특징은 평범함을 싫어하고 자기 자신의 개성을 중시하는 것입니다. 어디에서든 자신만의 독특함이나 취향을 드러내길 원하며 감성이 발달하여 다른 사람들에 비해서 유난히 고독감이나 슬픔 등을 강하게 느끼는 스타일입니다. 그리고 자기 자신을 영화 속의 주인공처럼 여기는 성향이 보이며 패션에서 행동, 말투에 이르기까지 세련된 느낌을 주고 풍부한 표현력을 지니고 있습니다. 이들은 대체로 예술적 감각이 뛰어나고 남다른 시각을 가지고 있으며 주위 사람들로부터 여러 가지로 좀 튄다는 인식을 갖게 합니다. 감정의 기복이 심한 편으로 자신이 특별하게 보이기를 바랍니다.

4번 유형의 주요 특성은 다음과 같습니다.

- 때로는 인생이 너무 평범하고 지루하다고 느낀다
- 패션 감각이 남달라서 독특한 옷차림도 즐긴다
- 종종 나 자신에 대해서 생각한다

- 다른 사람의 고통을 함께 느낄 때가 많다
- 평범하지 않은 것에 관심이 간다
- 가끔씩 아주 우울해진다
- 다른 사람에게 제대로 이해 받지 못하는 것은 매우 고통스럽다

4번 유형의 부모는 지나치게 생각이 많으며 자아 의식이 강해서 타인의 비판이나 충고에 예민하게 반응하는 경향이 있습니다. 그리고 자녀 양육에 있어서도 평범함을 거부하는 경향이 강합니다. 자신의 자녀가 남들과 무엇인가 다르고 특별하기를 바라는 것입니다. 따라서 그러한 특별함을 위해서는 지나칠 만큼의 노력과 투자를 하기도 합니다. 이런 유형의 부모는 먼저 자신의 감정 기복을 조절하도록 노력하는 것이 필요합니다. 모든 일을 감정적으로만 해석하려 하지 말고 사실 그대로를 파악하는 것도 중요하다는 것을 인식해야 합니다. 부모 스스로가 우울함, 고통, 질투 등의 감정에서 벗어나는 모습을 보여야 건강한 자녀 양육자로 바로 서게 될 것입니다.

▎머리형(5,6,7번 유형)의 특징과 보완점 ▎

5번 유형은 **사색가**입니다. 이들의 특징은 분석력과 통찰력이 뛰어나다는 것입니다. 지극히 객관적인 성향을 보이며 지식에 대한 열의가 대단합니다. 매우 지적이고 말이 적은 편이며 신중한 태도를 일관되게 보여줍니다. 이런 이유로 때로는 경직된 모습으로 느껴지기도 합니다. 어떤 업무를 시작하기 전에 정보를 열심히 수집하고 파악하는데 익

숙하고 정확한 판단을 내리는 것을 매우 중요하게 생각합니다. 또한 여러 사람과 어울려서 일을 하는 것 보다는 혼자서 일하는 것을 즐기고 그런 경우에 오히려 몰입이 잘 됩니다. 이들은 다른 사람에게 지혜롭고 현명한 사람이라는 말을 들을 때 성취감과 만족감을 느낍니다. 그래서 더욱 돋보이고 자신감 있게 살기 위해서라도 남보다 많은 지식을 쌓으려고 열심히 노력합니다. 따라서 이들은 대개 지적인 욕구가 많고 탐구욕이 많으며 자기 논리가 매우 강합니다.

5번 유형의 주요 특성은 다음과 같습니다.

- 나 자신을 의지하는 편이며 다른 사람과 나누려 하지 않는다
- 사람이 많은 곳에서는 편하지가 않다
- 내가 지식이 많음을 칭찬할 때 만족감이 크다
- 지나치게 감정적인 사람은 별로 좋아하지 않는다
- 느낌 보다는 사실이 더 쉽게 표현된다
- 다른 사람에게 다가서기보다 다가오기를 기다리는 편이다
- 내가 화를 낼 때는 내가 정말로 옳다고 느낄 때이다

이 유형의 부모는 현명하고 신중한 타입이며 관찰과 사색에 익숙합니다. 때로는 정이 없고 비판적이며 고집이 세다는 말을 듣기도 합니다. 이런 특징을 감안하여 타인과 유대 관계를 가지는 것에 익숙하도록 애쓰고 생각과 분석뿐만이 아니라 감정을 표현하는 것이 중요함을 인식할 필요가 있습니다. 자녀들과 대화하는 방법을 좀 더 연습해서 시간을 나누고 친밀감을 만들도록 하는 노력이 필요한 유형입니다. 너무 많

은 생각과 정보를 바라지 말고 우선 느끼는 감정을 말하고 상대의 생각과 느낌을 듣는 연습이 필요합니다.

6번 유형은 **충성가**라고 합니다. 이 유형의 특성은 책임감이 강하고 안전을 추구하는 성향이 강하다는 것입니다. 전통이나 단체에 강한 충성심을 보이며 주변 사람이나 자신의 신념에 충실함을 보입니다. 그리고 자신과 관련된 공동체에 대한 헌신이 대단합니다. 상대방의 말에 잘 순응하는 성향 때문에 다른 사람으로부터 호감을 사는 편이며 협동심이 강합니다. 자신의 보스에 대한 의존도가 높고 책임감이 강하며 주어진 일은 최선을 다해서 해내는 성향입니다. 이들은 자신이 속한 집단에 안정감을 느끼고 확실하고 검증된 틀 안에서 행동하는 경향이 강합니다. 그래서 때로는 우유부단하고 자신감이 부족하게 보일 수가 있습니다.

6번 유형의 주요 특성은 다음과 같습니다.

- 친구나 배우자에게 충실하다
- 오래 알고 지낸 사이가 아니면 신뢰하지 않는다
- 책임감이 강하고 열심히 일한다
- 새로운 사실이나 현상을 쉽게 신뢰하지 않는다
- 다른 사람이 나에게 방향을 지시해 주기를 바란다
- 최악의 상황을 가정하여 그것에 대해 걱정할 때가 많다
- 경계심이 많은 편이다

충성가형 부모는 매우 안전지향적인 성향이 강하고 성실하고 우

직한 반면에 고지식하거나 지나치게 방어적인 성향도 보입니다. 규칙이나 규범을 지키려는 성향이 강해서 답답함을 보이기도 하는 것입니다. 자녀들을 지속적으로 못미더운 시선으로 관찰하고 일일이 챙기는 것 때문에 아이들과 마찰이 생기기도 합니다. 그리고 지나치게 안전지향적으로 행동하려고 하다 보면 자녀들에게 부정적이고 괜한 트집을 잡는 것처럼 보일 수도 있음을 알아야 합니다. 너무 자녀들의 일거수일투족을 알려고 하는 것을 경계할 필요가 있습니다.

7번 유형은 **낙천가**라고 부릅니다. 이들의 특성은 항상 밝고 쾌활하다는 것입니다. 모든 일을 낙천적으로 보려고 하고 자신의 주변에서 즐거움을 찾아내는 능력이 뛰어납니다. 좋아하는 사람들이 주변에 많이 있으며 자기 자신도 인기가 많고 매력적인 사람이 되려고 노력하는 스타일입니다. 언제나 사람들과의 교제를 즐기면서 함께 어울리는 것으로 에너지를 공급받는 유형입니다. 대체로 에너지가 넘치는 모습으로 사람을 대하여 재미있는 사람이란 평을 듣습니다. 아이디어와 상상력도 풍부합니다. 그래서 다재 다능한 면을 보이며 호기심이 많은 특징을 보입니다. 이들은 항상 즐겁게 살면서 너무나 유쾌하다, 앞으로 어떤 일이 벌어질지 마냥 기대된다는 사실에서 만족감을 느낍니다.

7번 유형의 주요 특성은 다음과 같습니다.

• 긍정적이고 활발하다
• 늘 새롭고 흥미로운 경험을 추구한다
• 도전적이고 재미있는 삶을 살고 싶어한다

- 스트레스에서 빨리 벗어나는 편이다
- 사람들의 관심 끌기를 좋아한다
- 알고 지내는 사람이 꽤 많은 편이다
- 평소에 실천보다 계획을 더 많이 한다

이런 유형의 부모는 한 가지 일에 집중하지 못하고 산만한 면이 있습니다. 또한 충동적이며 자제력이 부족한 점도 약점으로 지적할 수 있습니다. 꼼꼼하게 살피고 챙기는 부분이 약하므로 자녀의 일에 대해서도 미리 준비하고 빈틈 없이 챙기는 것이 잘 안되기도 합니다. 자녀들의 특성이 낙천적이지 않은 상황일 때에는 지나치게 자신의 기분대로 아이들을 대하려고 하지 않는 것이 효과적입니다. 집안 일과 양육을 재미 없고 스트레스 받는 일이라는 생각을 버리고 얼마든지 재미와 에너지가 넘치는 일임을 자각하는 것도 필요합니다. 그리고 너무 많은 계획을 벌려만 놓지 말고 한 가지씩 실행을 책임지는 자세를 보이는 것이 중요합니다.

▌장형(8,9,1번 유형)의 특징과 보완점 ▌

8번 유형은 **지도자형**입니다. 이들의 특성은 강력하고 단호하며 자기 신념이 매우 강하다는 것입니다. 그래서 자신의 이미지와 같지 않으면 배척하기도 합니다. 이들은 보스 기질이 있어 지배력에 집중하는 성향입니다. 자신이 옳다고 생각하는 일에 전력을 다하는 투지를 보이는 스타일입니다. 집단 내에서 권력의 구조를 파악하는 능력이 뛰어나며 자신의 강한 힘을 발휘할 수 있는 위치를 확보하는 능력도 갖추고 있습니다. 성실함도 강하게 느낄 수 있고 진실과 정의에 몰입하는 편입니다. 이들은 다른 사람과의 경쟁과 대결을 두려워하지 않습니다. 솔직하고 직선적인 표현을 하면서 자신의 감정이나 생각을 잘 드러내는 경향이 있습니다. 어떤 일에든지 자신감을 가지고 도전하며 할 수 있다, 열정이 넘친다라는 자신의 모습을 통해 만족감을 느낍니다. 반면에 자신만의 감정에 치우쳐 남에게 상처를 줄 수도 있습니다.

8번 유형의 주요 특성은 다음과 같습니다.

- 대단히 활동적이다
- 자신의 생각을 솔직하게 표현한다
- 어려움에 처한 사람을 잘 돕는다
- 사람들이 나를 좋아하기보다는 존경하길 바란다
- 가식적이라고 느낄 때 나는 그 자리에서 비난한다
- 강하고 격렬한 느낌의 사람들과 가까이 지낸다
- 공평과 평등을 주장한다

이런 유형의 부모는 가끔 남을 배려하지 못하고 지배하려는 공격 성향을 보이기도 합니다. 직선적인 성향이 강해서 자녀에게 강압적인 표현을 여과 없이 표현하기도 합니다. 그래서 자녀들과 감정의 교감이 잘 안되기도 하며 의도와는 달리 상처를 입기도 합니다. 따라서 조금은 관대함을 보여줄 필요가 있습니다. 자녀의 에너지 수준을 감안하여 너무 몰아세우지 않고 숨 돌릴 틈을 주면서 속도를 조절하는 것이 중요합니다. 자녀의 말을 좀 더 귀담아 들어주면서 '도' 아니면 '모' 라는 식의 극단적인 판단의 기준을 느슨하게 할 필요도 있습니다.

9번 유형은 **조정자**라고 합니다. 이 유형의 사람들은 자신의 감정을 잘 드러내지 않는 스타일입니다. 평소 늘 태평하고 갈등이나 긴장을 회피하는 평화주의자의 모습입니다. 감정 표현을 잘 하지 않고 자기 감정을 누르는 편이므로 때로는 냉정하게도 비칩니다. 외부의 일로 인해서 자신의 내면이 혼란스러워지는 것을 싫어하므로 안정적이고 평온함을 유지하려는 성향이 발달했다고 할 수 있습니다. 대체로 인내심이 많은 편이고 다른 사람의 기분을 이해하는 능력이 뛰어납니다. 그래서 남의 고민을 잘 들어줍니다. 9번 유형들은 웬만한 환경에는 적응력도 뛰어나서 잘 융화됩니다. 그리고 있는 그대로의 상태를 유지하거나 흘러가는 대로 받아들이는 편이므로 주위 사람의 속을 터지게 만들기도 합니다. 사실 자기 자신도 자신의 마음을 잘 모르는 경우가 많습니다. 또한 이들은 자신의 감정을 잘 표현하지 않고 순응하는 편이라 답답하기도 합니다.

9번 유형의 주요 특성은 다음과 같습니다.

- 사람들은 나와 함께 있을 때 편안하고 평화롭게 느낀다
- 일을 미루는 경향이 있다
- 쉽게 산만해진다
- 긴장을 풀고 빈둥거리는 시간을 좋아한다
- 상대방과 맞서기보다 상대방을 있는 그대로 받아들이는 편이다
- 생각보다 상대방의 말을 집중해서 듣지 않는다
- 결국에는 잘 될 것이라고 늘 생각한다

이런 부모들은 은근히 고집에 세고 현실적인 감각이 부족한 면을 보이기도 합니다. 막연히 잘 될 것이라는 생각을 하는 것입니다. 계획을 세워서 차근차근 실행하는 능력이 부족하고 잘 잊어버리는 성향이므로 책임감이 부족하다고도 비칩니다. 문제가 생기면 적극적으로 대응하기 보다는 피하려는 경향이 강합니다. 따라서 이런 유형의 부모라면 일의 우선 순위를 매겨서 계획적으로 실행하도록 습관을 들이는 노력이 필요합니다. 그리고 자녀들과의 갈등을 피하기 위해서 지키지도 못할 약속을 한다든지 하는 일은 안 해야 합니다. 대화를 할 때에도 좀 더 힘있고 자신 있게 말하는 법을 연습하면 좋습니다. 화를 숨기지 말고 적절하게 표현하는 것도 도움이 됩니다. 그러지 않으면 한꺼번에 폭발하는 일이 생길 수도 있기 때문입니다.

1번 유형은 **개혁가**입니다. 이 유형의 사람들은 매사에 완벽에 가깝도록 일하는 스타일입니다. 자기 스스로의 이상적인 기준을 세우고 거기에 다가서도록 늘 애쓰는 사람들입니다. 항상 성실하고 열심히 목표를 향해서 노력하는데 기꺼이 에너지를 발산합니다. 이들은 공정함을 중시합니다. 논리적으로 맞지 않는 상황은 받아들일 수 없다는 자세입니다. 따라서 이들은 정직하고 곧은 성품으로 신뢰를 중시합니다. 스스로 윤리적으로 문제 없다고 자부하는 편입니다. 인상도 깔끔하고 자제력이 높으며, 무엇인가 '해야만 한다' 라는 말을 자주합니다. 자기 자신에 대한 자존감과 자존심이 모두 높은 편이고 매사에 올바른 길을 걷고 있다고 생각하는 스타일입니다. 자신의 결정이나 생각이 옳다고 느끼는 부분이 강해서 다른 사람을 비판하거나 평가하는 경향이 강하기도 합니다. 때로는 너무나도 규칙과 규정에 얽매이는 모습에 주위 사람에게 답답함을 주기도 합니다.

1번 유형들의 주요 특성은 다음과 같습니다.

- 일을 더디게 하는 사람을 보면 짜증이 난다
- 모든 것들이 제자리에 있기를 원한다
- 잘못된 일은 바로 잡아야 직성이 풀린다
- 때로는 지나치게 심각하고 걱정이 많기도 하다
- 사람들이 대체로 자신을 신뢰한다고 믿는다
- 신중하게 계획을 하고 그대로 실천하려고 노력한다
- 이성적이고 실용적이며 실질적인 편이다

이 유형의 부모는 융통성이 없고 비판적이며 지나치게 심각하다는 평을 듣습니다. 무슨 일이든지 완벽하고 멋지게 완수되기를 기대하기 때문에 자녀들에게 지나치게 엄격하게 대할 경우가 많습니다. 사소한 잘못에도 너그럽게 넘어가는 일이 없다거나 남에게 부정적인 말을 듣지 못하는 성향으로 인해 가까이 가기에 부담스럽다는 인상이 강합니다. 따라서 이런 부모들은 스스로가 지나치게 독선적이지는 않은지 자문할 필요가 있습니다. 특히 화가 날 때 효과적으로 표현하는 방법을 익힐 필요가 있습니다. 자칫하면 늘 불화를 일으키는 깐깐한 부모가 되기 쉽습니다. 여유를 가지고 세상을 바라보는 안목도 필요하며 사람은 누구나 실수가 있을 수 있다는 느긋함을 가질 필요가 있습니다.

이렇게 에니어그램의 9가지 유형을 살펴보면서 부모로서의 자신을 돌아보고 보완할 점을 정리해 보았습니다. 이 특성은 여러분의 자녀들에게도 적용하여 자녀가 몇 번 유형인지 관찰하는 자료로도 활용할 수 있습니다. 무엇보다도 부모 자신이 스스로의 모습을 인지하고 개선하여 보다 효과적인 부모 리더십을 발휘할 토양을 만드는 것이 중요합니다. 사람은 누구나 자신만의 독특한 기질을 가지고 있습니다.

저는 1번 유형인데 제 큰 아이는 9번 유형입니다. 그래서 늘 완벽하고 계획한 그대로 일을 하는데 익숙한 제 눈에는 9번 유형의 특성을 가진 큰 아이가 답답하고 못마땅했습니다. 시험이 다가와도 전혀 급한 구석을 보이지 않을 때는 속이 터진다고 외치기도 했습니다. 도대체 생각이 있는 녀석인지 알 수가 없었습니다. 하지만 그것이 그 아이의 성향이고 기질인 것을 인식하고 바라볼 때 이해가 되기 시작했습니다. 제 기준으로는 말도 안되게 답답한 일이지만 그 아이의 기준으로는 당연한 것임을 알게 되었습니다. 그래서 윽박지르는 일을 줄이고 더 대화하고 그 아이의 입장에서 받아들일 수 있는 방법을 찾아서 알려주는 노력을 기울이면서 갈등을 줄이도록 애썼습니다. 지금도 노력 중이지만 분명한 것은 이런 과정을 통해서 부모와 자녀는 서로를 이해하게 되고 관계의 상처를 줄일 수 있다는 것입니다.

리더십은 하루 아침에 개발되는 것이 아니라 매일매일 개발해야 하는 것이라는 존 맥스웰 박사의 말처럼 끊임없이 노력하고 개발해야 하는 부모의 과제입니다. 이런 과제를 얼마나 충실히 수행하는 가에 따라서 가정의 리더로서 부모가 바로 서느냐가 결정됩니다. 한국의 부모들은 책 한 권을 읽거나 강의 한 번 듣는 것으로 모든 것을 변화시키려는 욕심이 있습니다. 여러분이 부모로서 자녀에게 이런저런 주문을 하는 만큼 과연 부모 노릇을 제대로 하기 위한 체계적이고 지속적인 학습과 노력을 해 왔는지 돌아보시기 바랍니다. '너희들은 나처럼 살지 말라'고 말하는 부모가 되지 말고, 자녀의 미래를 준비하고 걱정하느라 정작 자신의 현재의 삶은 포기하는 무모한 부모가 되지 말고, 덩치는 어른 못지 않게 성장했어도 꿈과 비전도 없이 무기력하게 살아가는 자녀를 만들지 말고, 리더로서의 부모의 삶을 통해 인생의 지혜와 행복을 만들어 가는 건강한 자녀와 가정을 세워 가길 기원합니다.

'잠시 세상에 내가 살면서 항상 찬송 부르다가 날이 저물어 오라 하시면 영광 중에 나아가리' 라는 찬송 가사가 생각납니다. 우리는 천년만년 살 것처럼 이 세상에서 욕심을 냅니다. 바로 그 세상살이에서 우리 자녀와 가정의 행복을 빌미로 현재의 삶을 담보 잡히고 지옥처럼 살기도 합니다. 그런데 그런 삶이 일반적인 삶이라고 착각하거나 스스로 합리화합니다. 이제는 그런 생각과 가치 기준을 바꿔야 합니다. 어차피 잠시 살다가 우리의 본향인 천국으로 가야 할 일시적인 인생에서 행복의 본질을 놓치지 않도록 먼저 부모가 변해야 합니다.

그 누구도 대신할 수 없는 일이 부모 노릇입니다. 부부가 바로 서야 자녀가 바로 섭니다. 부모가 자녀를 인정하고 제대로 떠나 보내야 사회가 바로 섭니다. 이제 그 일을 더 이상 미루거나 피하지 마십시오. 부모 자신과 자녀 각자의 성향과 기질을 바탕으로 부모의 대리 만족을 위해서가 아니라 자녀 자신의 행복을 위해서 힘차게 세상으로 나아가도록 지원하고 이끌어 주십시오. 지금도 늦지 않았습니다. 언제나 그리고 누구나 변할 수 있는 가능성은 열려 있습니다. 부모가 먼저 나서는 용기가 필요할 뿐입니다.

　예전에 자주 부르며 은혜가 되었던 복음 성가 한 곡을 떠올려 봅니다.

> 아무 것도 할 수 없고 아무 것도 볼 수 없고 아무 것도 들을 수 없네
> (중략)
> 어두웠던 나의 눈이 열리고 막혔던 귀가 열렸네
> 답답했던 나의 마음 열리고 나의 영혼 살리네
> 열려라 에바다 열려라 눈을 뜨게 하소서
> 죄악으로 어두워진 나의 영혼이 나의 눈을 뜨게 하소서.

　진정한 부모 됨의 본질이 무엇인지 깨닫도록 우리 부모의 눈이 활짝 열리게 되길 기원합니다. 세상의 허탄한 것들에 목숨 걸며 살아가던 우리 부모 된 자들의 귀가 열리게 되길 기원합니다. 사랑하는 자녀에게, 그리고 부부로서 서로의 배우자에게 올바른 리더십으로 다가서는 길이 열리게 되길 기원하고 응원합니다.

———

마치는 글

　　지난 3년간 학교를 자퇴하고 떠난 아이들이 무려 20만 명이나 된다고 합니다. 한해 평균 7만 명 가량이 학교를 떠나고 있다는 것입니다. 이 아이들은 학교만 떠나는 것이 아니라 결국은 가정도 떠나게 됩니다. 그래서 학교에서도 정착하지 못하고 가정에서도 적응하지 못한 아이들을 '무중력 아이들' 이라고 합니다. 매년 증가하는 무중력 아이들이 과연 누구이겠습니까? 그들은 우리의 자녀들입니다. 우리 자녀의 친구들입니다. 이들이 이렇게 거리에서 배회하고 제 자리를 못 찾게 된다면 우리의 가정과 사회는 병들어 갈 수 밖에 없습니다.

　　우리 아이들의 휴대폰에 부모인 여러분들은 어떤 이름으로 번호가 저장되어 있습니까? 미친년, 찌질이, 또라이 등의 이름으로 저장되어 있지는 않습니까? 어쩌다 우리 아이들의 마음에 부모가 미친년이고 찌질이가 되었을까요? 이렇게 되도록 우리의 가정에서 과연 무슨 일이 있었던 것일까요? 부모의 현재를 저당 잡혀서 자녀의 미래를 위해 모든 것을 투자한 결과가 청소년 사망 원인 1위로 자살이 떠오르게 된 것일까요? 한해 자살하는 청소년이 교통사고로 죽는 수보다 많은 대한민국의 이 현실을 무엇으로 설명할 것입니까?

　　우리 세대는 너희들보다 말도 못하게 힘들었어도 지금까지 잘만 살아왔다고 윽박질러봐야 아이들은 이해가 안됩니다. 자녀 세대보다 그다지 우월한 정보와 지식을 갖추지도 못한 부모들을 어른이라는 이유만으로 더 이상 무조건 존경하고 따르지도 않습니다. 무엇이 행복한 삶인지 부모 자신도 모르고 살면서 아이들에게 행복한 삶의 안내자가 된다는 것은 애초부터 무리입니다. 아무리 스마트폰이 널리 퍼졌어도 정작 가정에서의 소통은 점점 더 아득해져 가고, '몰라요, 귀찮아'를 입에 달고 살면서 사색하기는 이미 그 기능을 잃어 버리고 오로지 손 끝으로 검색하기만 익숙해진 아이들과 우리 부모들은 어떻게 접점을 찾아야만 할까요?

세상에 수많은 농사가 있지만 자식 농사만큼 어려운 농사가 없다고 했습니다. 사회적으로 아무리 성공한 사람도 자기 자식만큼은 마음대로 할 수가 없다고 합니다. 그러나 아무리 어렵다고는 해도 길이 없는 것은 아닙니다. 이제까지의 타성에 젖은 부모 노릇하기의 틀에서 과감하게 벗어나는 결단과 도전이 있다면 불가능한 일이 아닙니다. 올바른 부모 리더십을 익히고 실천하면 됩니다. 여기저기에서 들려오는 자식 잘 키웠다는 그 누구의 이야기에 부러움만 보내지 말고 이 세상에 단 하나뿐인 나의 가정을 위해, 나의 자녀를 위해 부부가 먼저 변화의 발걸음을 내딛기 바랍니다. 부부가 어떻게 변할 것인가에 대해 함께 고민하고 눈이 떠지도록 이 책에서 다양한 이야기를 다루었습니다. 이제 그이야기가 남의 이야기가 되지 않도록 직접 손에 잡아 보시기 바랍니다.

부모는 하나님이 자녀에게 보내신 메시지요, 자녀는 부모에게 보내신 선물이라고 했습니다. '인생은 가장 아름다운 동화' 라고 말했던 안데르센의 말처럼 지옥 같은 가정, 지겨운 인생이 아니라 정말 동화처럼 아름답고 행복한 인생을 만들어 가도록 부모가 올바른 리더십으로 가정과 자녀를 이끌어야 할 것입니다. 이것은 부모의 사명이자 책임입니다. 이런 부모 리더십을 익히고 발휘하면서 자녀 덕분에 부모도 성장하는 것입니다. 하나님을 머리 삼고 부부가 중심이 되어 자녀의 마땅히 행할 길을 가르치는 참된 부모 리더십을 세워 가시길 응원합니다. '너희들의 부모였던 것이 행복했단다' 라고 고백하며 '저희들의 부모가 되어주셔서 감사하고 행복했어요' 라고 고백하는 가정을 만들기 바랍니다. 생육하고 번성하길 원하시는 하나님께서 지켜주시고 인도하실 것을 분명히 믿으며 이 책을 여러분께 바칩니다.